铁路道岔参数简明手册

《铁路道岔参数简明手册》编委会　编

中国铁道出版社有限公司

2021年·北　京

图书在版编目(CIP)数据

铁路道岔参数简明手册/《铁路道岔参数简明手册》编委会编.—北京:中国铁道出版社有限公司,2019.10(2021.11重印)
ISBN 978-7-113-26041-5

Ⅰ.①铁… Ⅱ.①铁… Ⅲ.①道岔-参数-手册
Ⅳ.①U213.6-62

中国版本图书馆CIP数据核字(2019)第147210号

书　　名:铁路道岔参数简明手册
作　　者:《铁路道岔参数简明手册》编委会

策　　划:时　博
责任编辑:赵雅敏　　　**编辑部电话:**(010)51873141
封面设计:郑春鹏
责任校对:焦桂荣
责任印制:高春晓

出版发行:中国铁道出版社有限公司(100054,北京市西城区右安门西街8号)
网　　址:http://www.tdpress.com
印　　刷:三河市兴达印务有限公司
版　　次:2019年10月第1版　2021年11月第2次印刷
开　　本:787 mm×1 092 mm　1/16　**印张:**5.5　**字数:**125千
书　　号:ISBN 978-7-113-26041-5
定　　价:48.00元

《铁路道岔参数简明手册》编委会

主　　　　编：赵文芳

主要编写人员：王树国　许有全　张晓阳　吴细水

孟祥红　李　伟　张立军　郝自英

汤铁兵　李文博　李永茂　樊小平

左丽丽　杨东升

前　言

道岔作为铁路轨道的重要组成部分，是保证列车按规定速度安全运行的关键设备。近几年，随着我国铁路现代化建设的逐步推进，铁路道岔在研发设计、生产制造及养护维修等方面均迈上了新的台阶。为推进道岔统型化工作，规范标准轨距铁路道岔的使用和管理，减少道岔型号及备品备件数量，2018 年中国铁路总公司颁布了《关于印发〈铁路道岔使用规定〉的通知》(铁总工电〔2018〕227 号)。

本书简要、全面地收集了《铁路道岔使用规定》明确的 57 种有效道岔图号的相关资料，其中详细介绍了各图号道岔的平面线型图、允许通过速度和轨下基础情况，简要介绍了相应道岔所需的扣件类型、转辙器、辙叉及护轨等信息。本书为针对《铁路道岔使用规定》所编的简易版铁路道岔参数查询手册，中国国家铁路集团有限公司后续将要出版详细的铁路道岔参数及维护手册，道岔相关的详细内容将在其中呈现。

希望本书的出版能给新建铁路和既有线改造、大修时道岔设计选型提供参考。本书的出版得到中国国家铁路集团有限公司及所属企业相关领导的大力支持，在此表示衷心感谢。

由于编者水平有限，错漏之处在所难免，敬请读者批评指正。

编者

2019 年 10 月

目　　录

1. 时速 250 公里 60 kg/m 钢轨 12 号可动心轨辙叉单开道岔(无砟)
设计图号:客专线(10)017

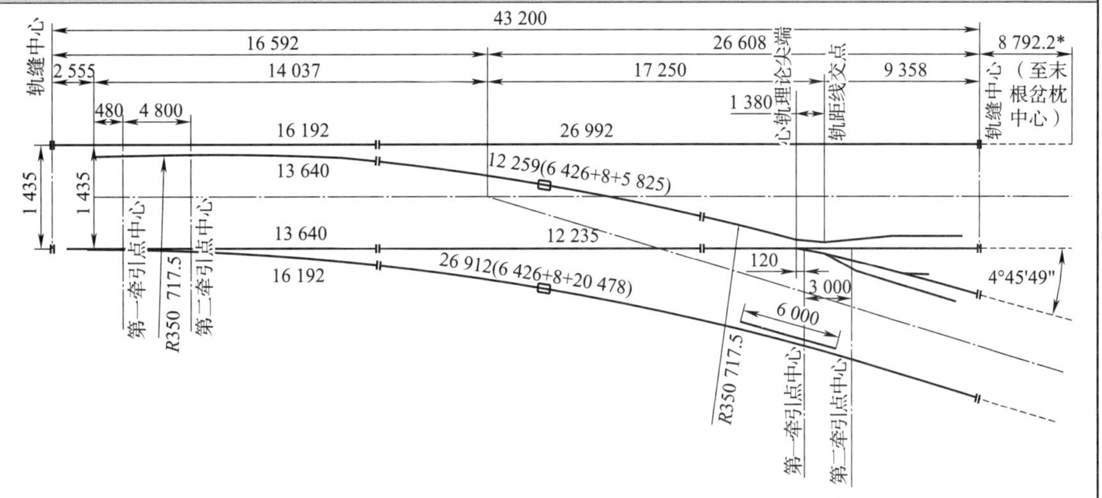

图中长度单位:mm(下同)

道岔允许通过速度		$v_{直}\leqslant 250$ km/h $v_{侧}\leqslant 50$ km/h	扣件类型	Ⅱ型弹条扣件		
锁闭形式		分动钩型外锁闭	辙跟形式	限位器		
动程		尖轨:160 mm、82 mm 心轨:113 mm、57 mm				
转辙器[客专线(10)017-Ⅱ]	基本轨图号	客专线(10)017-Ⅱ-4(直)	钢轨类型	60 kg/m 钢轨	单重	1 056 kg
		客专线(10)017-Ⅱ-5(曲)				1 056 kg
	尖轨图号	客专线(10)017-Ⅱ-6(曲)	钢轨类型	60AT2 钢轨	单重	974 kg
		客专线(10)017-Ⅱ-7(直)				974 kg
辙叉及护轨[客专线(10)017-Ⅲ]	辙叉全长	14 750 mm				
	翼轨图号	客专线(10)017-Ⅲ-5	钢轨类型	60TY1 钢轨	单重	1 240 kg
		客专线(07)017-Ⅲ-6				
	长心轨图号	客专线(07)017-Ⅲ-7		60AT2 钢轨	单重	778 kg
	短心轨图号	客专线(07)017-Ⅲ-8		60AT2 钢轨		497 kg
	叉跟尖轨图号	客专线(07)017-Ⅲ-9		60 kg/m 钢轨		275 kg
	护轨图号	客专线(07)017-Ⅲ-10		33 kg/m 槽型钢		198 kg
道岔板图号	客专线(10)019-Ⅴ*					
金属件总重	25 400 kg		非金属件总体积	962 000 cm³		
岔枕图号	客专线(10)019-Ⅰ	岔枕总数	89 根*	岔枕延长	286.55 m	

注:*号处为适用于 5.0 m 间距渡线或到发线的值,若用于 4.6 m 间距渡线或到发线,其值应为 8 284,道岔板图号为客专线(10)019-Ⅲ,岔枕总数为 87 根。

2. 时速 250 公里 60 kg/m 钢轨 12 号可动心轨辙叉单开道岔(有砟)
设计图号:客专线(10)018

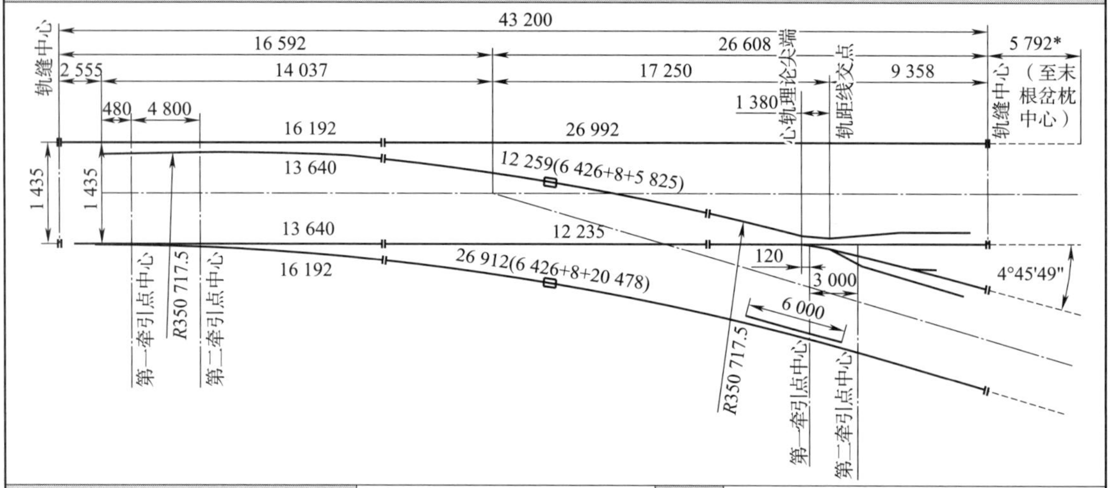

<table>
<tr><td colspan="2">道岔允许通过速度</td><td>$v_{直}$≤250 km/h
$v_{侧}$≤50 km/h</td><td>扣件类型</td><td colspan="3">Ⅱ型弹条扣件</td></tr>
<tr><td colspan="2">锁闭形式</td><td>分动钩型外锁闭</td><td>辙跟形式</td><td colspan="3">限位器</td></tr>
<tr><td colspan="2">动程</td><td colspan="5">尖轨:160 mm、82 mm
心轨:113 mm、57 mm</td></tr>
<tr><td rowspan="4">转辙器
[客专线(10)018-Ⅱ]</td><td rowspan="2">基本轨图号</td><td>客专线(10)017-Ⅱ-4(直)</td><td rowspan="2">钢轨类型</td><td rowspan="2">60 kg/m 钢轨</td><td rowspan="2">单重</td><td>1 056 kg</td></tr>
<tr><td>客专线(10)017-Ⅱ-5(曲)</td><td>1 056 kg</td></tr>
<tr><td rowspan="2">尖轨图号</td><td>客专线(10)017-Ⅱ-6(曲)</td><td rowspan="2">钢轨类型</td><td rowspan="2">60AT2 钢轨</td><td rowspan="2">单重</td><td>974 kg</td></tr>
<tr><td>客专线(10)017-Ⅱ-7(直)</td><td>974 kg</td></tr>
<tr><td rowspan="7">辙叉及护轨
[客专线(10)018-Ⅲ]</td><td>辙叉全长</td><td colspan="5">14 750 mm</td></tr>
<tr><td rowspan="2">翼轨图号</td><td>客专线(10)017-Ⅲ-5</td><td rowspan="6">钢轨类型</td><td rowspan="2">60TY1 钢轨</td><td rowspan="2">单重</td><td rowspan="2">1 240 kg</td></tr>
<tr><td>客专线(07)017-Ⅲ-6</td></tr>
<tr><td>长心轨图号</td><td>客专线(07)017-Ⅲ-7</td><td>60AT2 钢轨</td><td rowspan="4">单重</td><td>778 kg</td></tr>
<tr><td>短心轨图号</td><td>客专线(07)017-Ⅲ-8</td><td>60AT2 钢轨</td><td>497 kg</td></tr>
<tr><td>叉跟尖轨图号</td><td>客专线(07)017-Ⅲ-9</td><td>60 kg/m 钢轨</td><td>275 kg</td></tr>
<tr><td>护轨图号</td><td>客专线(07)017-Ⅲ-10</td><td>33 kg/m 槽型钢</td><td>198 kg</td></tr>
<tr><td>岔枕
[客专线(10)020]</td><td>岔枕总数</td><td>89 根*</td><td>岔枕延长</td><td colspan="3">300.82 m*</td></tr>
<tr><td>金属件总重</td><td colspan="2">25 000 kg</td><td colspan="2">非金属件总体积</td><td colspan="2">907 900 cm^3</td></tr>
</table>

注:*号处为适用于 5.0 m 间距渡线或到发线的值,若用于 4.6 m 间距渡线或到发线,其值应为“5 884,83 根,279.53 m”。

3. 时速 350 公里 60 kg/m 钢轨 18 号可动心轨辙叉单开道岔(无砟)
设计图号:客专线(07)009

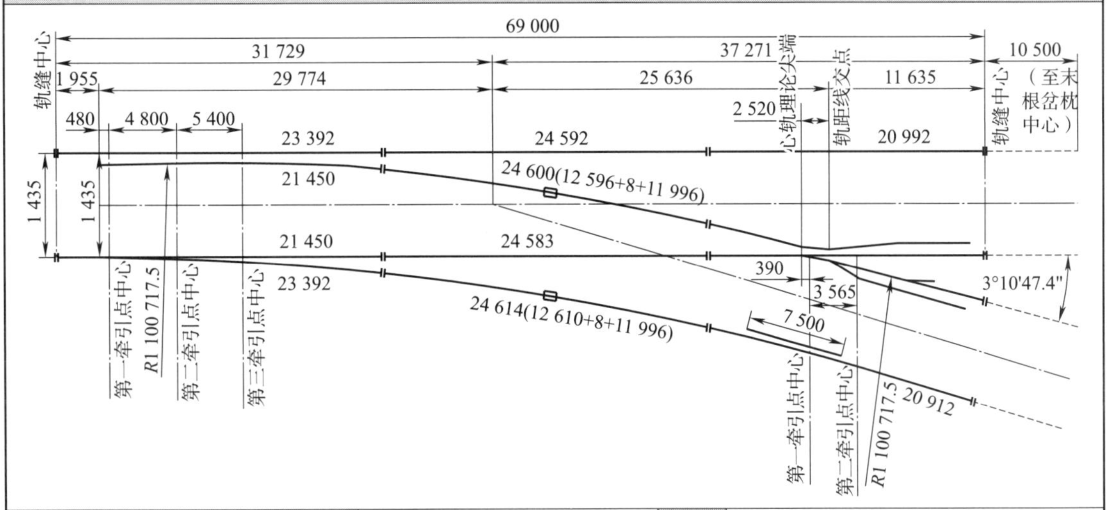

<table>
<tr><td colspan="2">道岔允许通过速度</td><td>$v_{直}\leqslant 350$ km/h
$v_{侧}\leqslant 80$ km/h</td><td>扣件类型</td><td colspan="3">Ⅱ型弹条扣件</td></tr>
<tr><td colspan="2">锁闭形式</td><td>分动钩型外锁闭</td><td>辙跟形式</td><td colspan="3">不设传力结构、限位器、间隔铁</td></tr>
<tr><td colspan="2">动程</td><td colspan="5">尖轨:160 mm、118 mm、71 mm
心轨:119 mm、59 mm</td></tr>
<tr><td rowspan="4">转辙器
[客专线(07)009-Ⅱ]</td><td rowspan="2">基本轨图号</td><td>客专线(07)009-Ⅱ-4(直)</td><td rowspan="2">钢轨类型</td><td rowspan="2">60 kg/m 钢轨</td><td rowspan="2">单重</td><td>1 575 kg</td></tr>
<tr><td>客专线(07)009-Ⅱ-5(曲)</td><td>1 575 kg</td></tr>
<tr><td rowspan="2">尖轨图号</td><td>客专线(07)009-Ⅱ-6(曲)</td><td rowspan="2">钢轨类型</td><td rowspan="2">60AT2 钢轨</td><td rowspan="2">单重</td><td>1 560 kg</td></tr>
<tr><td>客专线(07)009-Ⅱ-7(直)</td><td>1 560 kg</td></tr>
<tr><td rowspan="7">辙叉及护轨
[客专线(07)009-Ⅲ]</td><td>辙叉全长</td><td colspan="5">20 992 mm</td></tr>
<tr><td rowspan="2">翼轨图号</td><td>客专线(07)009-Ⅲ-5</td><td rowspan="6">钢轨类型</td><td rowspan="2">60TY1 钢轨</td><td rowspan="2">单重</td><td rowspan="2">1 720 kg</td></tr>
<tr><td>客专线(07)009-Ⅲ-6</td></tr>
<tr><td>长心轨图号</td><td>客专线(07)009-Ⅲ-7</td><td rowspan="2">60AT2 钢轨</td><td rowspan="4">单重</td><td>998 kg</td></tr>
<tr><td>短心轨图号</td><td>客专线(07)009-Ⅲ-8</td><td>575 kg</td></tr>
<tr><td>叉跟尖轨图号</td><td>客专线(07)009-Ⅲ-9</td><td>60 kg/m 钢轨</td><td>348 kg</td></tr>
<tr><td>护轨图号</td><td>客专线(07)009-Ⅲ-10</td><td>33 kg/m 槽型钢</td><td>250 kg</td></tr>
<tr><td>岔枕
[客专线(07)002]</td><td>岔枕总数</td><td>144 根</td><td>岔枕延长</td><td colspan="3">453.81 m</td></tr>
<tr><td>金属件总重</td><td colspan="2">38 900 kg</td><td colspan="2">非金属件总体积</td><td colspan="2">1 262 400 cm^3</td></tr>
<tr><td colspan="2">道岔板图号</td><td colspan="5">研线 0907-Ⅰ-3</td></tr>
</table>

4. 时速 350 公里 60 kg/m 钢轨 18 号可动心轨辙叉单开道岔(有砟)
设计图号:客专线(08)016

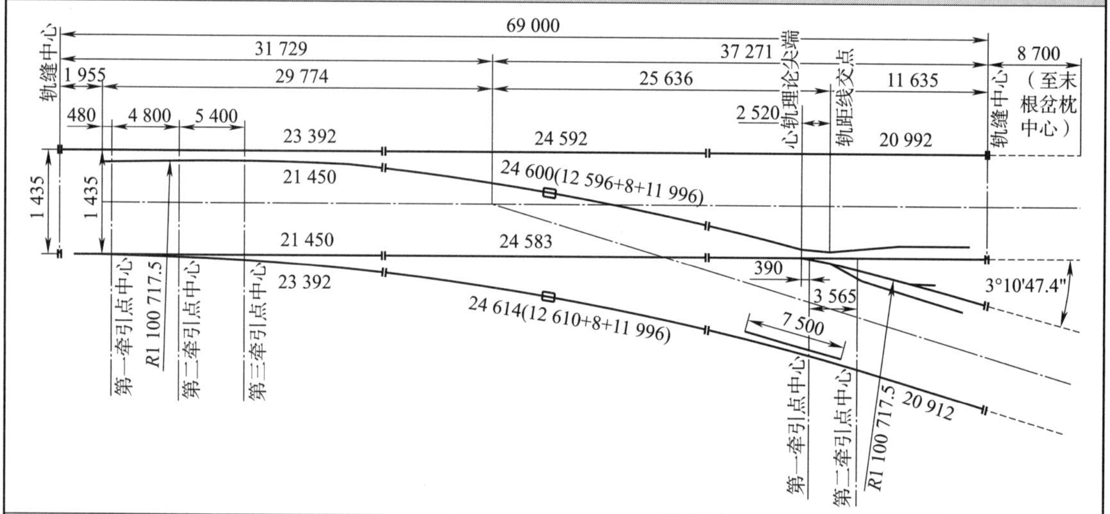

道岔允许通过速度		$v_{直客}\leqslant$350 km/h $v_{侧}\leqslant$80 km/h	扣件类型	Ⅱ型弹条扣件		
锁闭形式		分动钩型外锁闭	辙跟形式	不设传力结构、限位器、间隔铁		
动程		尖轨:160 mm、118 mm、71 mm 心轨:119 mm、59 mm				
转辙器 [客专线(08)016-Ⅱ]	基本轨图号	客专线(08)016-Ⅱ-4(直)	钢轨类型	60 kg/m 钢轨	单重	1 575 kg
		客专线(08)016-Ⅱ-5(曲)				1 575 kg
	尖轨图号	客专线(08)016-Ⅱ-6(曲)	钢轨类型	60AT2 钢轨	单重	1 560 kg
		客专线(08)016-Ⅱ-7(直)				1 560 kg
辙叉及护轨 [客专线(08)016-Ⅲ]	辙叉全长	20 992 mm				
	翼轨图号	客专线(07)009-Ⅲ-5	钢轨类型	60TY1 钢轨	单重	1 720 kg
		客专线(07)009-Ⅲ-6				
	长心轨图号	客专线(07)009-Ⅲ-7		60AT2 钢轨	单重	1 003 kg
	短心轨图号	客专线(07)009-Ⅲ-8				575 kg
	叉跟尖轨图号	客专线(07)009-Ⅲ-9		60 kg/m 钢轨		348 kg
	护轨图号	客专线(07)009-Ⅲ-10		33 kg/m 槽型钢		250 kg
岔枕 [客专线(07)005-Ⅰ]	岔枕总数	140 根	岔枕延长	463.29 m		
金属件总重	39 500 kg		非金属件总体积	1 072 600 cm^3		

5. 时速 350 公里 60 kg/m 钢轨 18 号可动心轨辙叉单开道岔(无砟)
设计图号:CN-6118AS

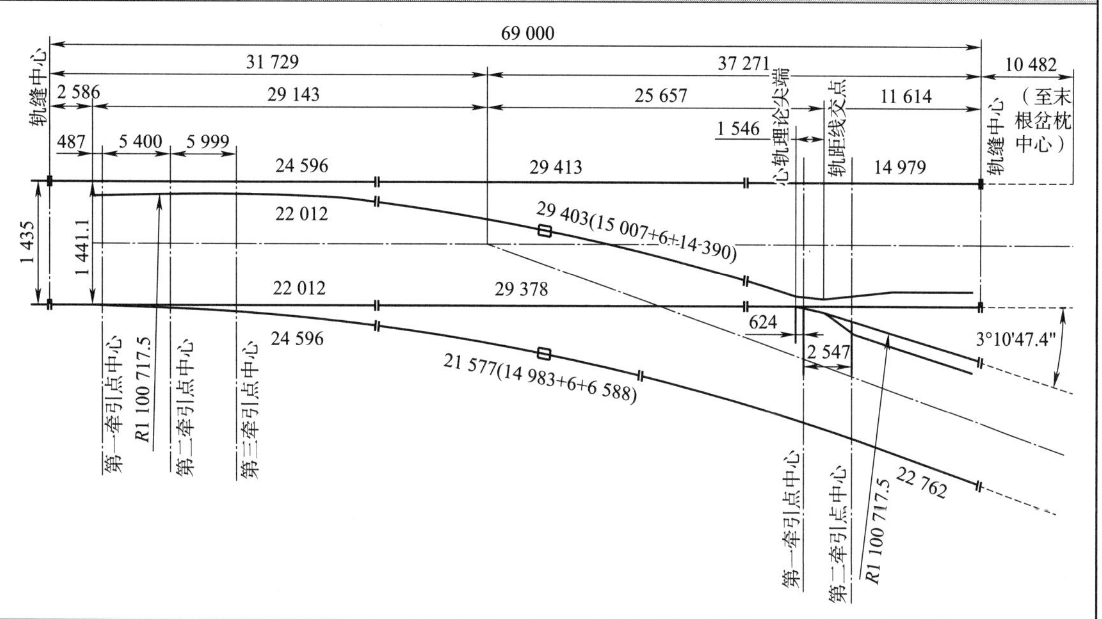

道岔允许通过速度		$v_{直}$≤350 km/h $v_{侧}$≤80 km/h	扣件类型	SKL 12 弹条扣件		
锁闭形式		HRS 外锁闭	辙跟形式	限位器		
动程		尖轨:120 mm、114 mm、72 mm 心轨:73 mm、38 mm				
转辙器 [CN-6118AS-200]	基本轨图号	CN-6118A0-220	钢轨类型	60 kg/m 钢轨	单重	1 492 kg
		CN-6118A0-221				1 492 kg
	尖轨图号	CN-6118A0-230	钢轨类型	60AT3 钢轨	单重	1 467 kg
		CN-6118A0-231				1 467 kg
辙叉及护轨 [CN-6118AS-300]	辙叉全长	15 014 mm				
	翼轨图号	CN-6118AS-320	钢轨类型	60 kg/m 钢轨	单重	621.7 kg
	心轨图号	CN-6118AS-330		锻制叉尖与 60 kg/m 钢轨 闪光焊接	单重	1 377 kg
岔枕 [研线 1706]	岔枕总数	189 根	岔枕延长	444.589 m		
金属件总重		30 063 kg	非金属件总重	458 kg		

6. 时速 350 公里 60 kg/m 钢轨 18 号可动心轨辙叉单开道岔(有砟)
设计图号:CN-6118AT

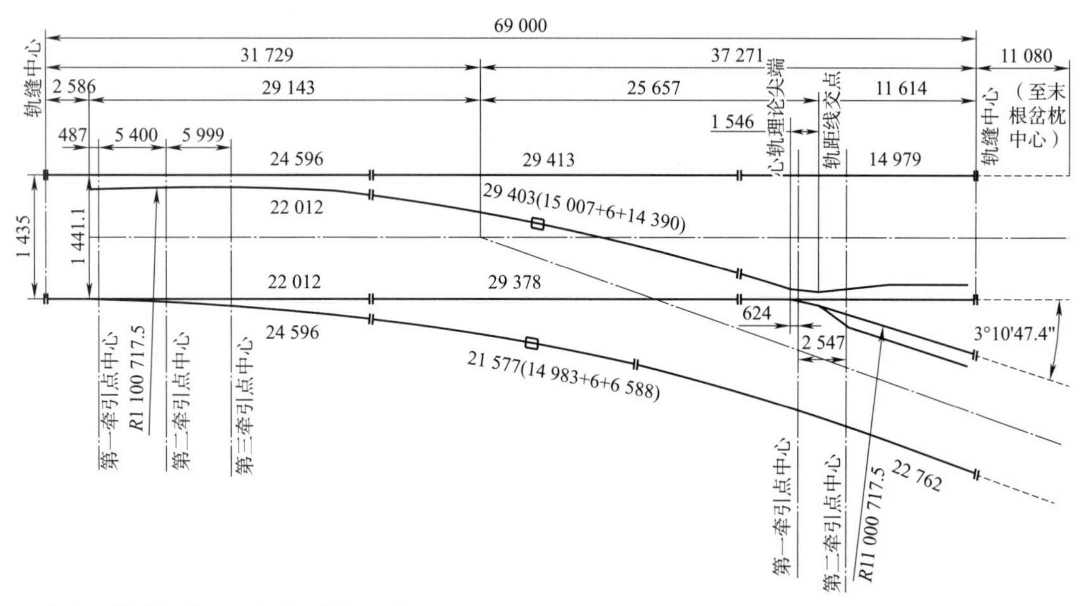

道岔允许通过速度		$v_{直}\leqslant 350$ km/h $v_{侧}\leqslant 80$ km/h	扣件类型	SKL 12 弹条扣件		
锁闭形式		HRS 外锁闭	辙跟形式	限位器		
动程		尖轨:120 mm、114 mm、72 mm 心轨:73 mm、38 mm				
转辙器 [CN-6118AT-200]	基本轨图号	CN-6118A0-220	钢轨类型	60 kg/m 钢轨	单重	1 492 kg
		CN-6118A0-221				1 492 kg
	尖轨图号	CN-6118A0-230	钢轨类型	60AT3 钢轨	单重	1 467 kg
		CN-6118A0-231				1 467 kg
辙叉及护轨 [CN-6118AT-300]	辙叉全长	15 014 mm				
	翼轨图号	CN-6118AS-320	钢轨类型	60 kg/m 钢轨	单重	621.7 kg
	心轨图号	CN-6118AS-330		锻制叉尖与 60 kg/m 钢轨闪光焊接	单重	1 377 kg
岔枕 [研线 1506]	岔枕总数	146 根	岔枕延长	458.734 m		
金属件总重		29 970 kg	非金属件总重	462 kg		

7. 时速 350 公里 60 kg/m 钢轨 42 号可动心轨辙叉单开道岔(无砟)
设计图号:客专线(07)006

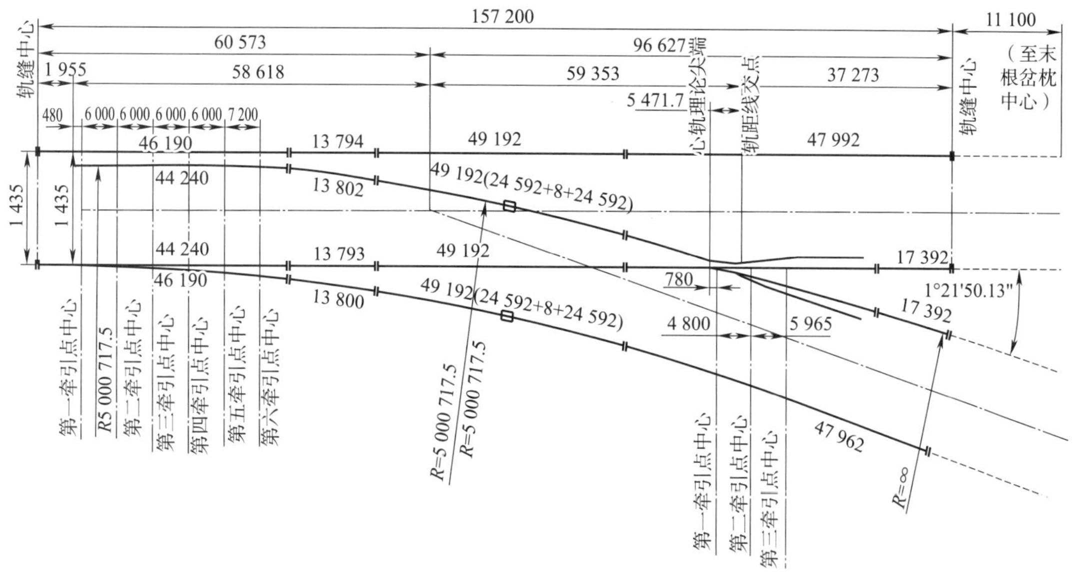

<table>
<tr><td colspan="2">道岔允许通过速度</td><td>$v_{直}$≤350 km/h
$v_{侧}$≤160 km/h</td><td>扣件类型</td><td colspan="3">Ⅱ型弹条扣件</td></tr>
<tr><td colspan="2">锁闭形式</td><td>分动钩型外锁闭</td><td>辙跟形式</td><td colspan="3">不设传力结构、限位器、间隔铁</td></tr>
<tr><td colspan="2">动程</td><td colspan="5">尖轨:160 mm、136 mm、111 mm、87 mm、62 mm、33 mm
心轨:114 mm、82 mm、42 mm</td></tr>
<tr><td rowspan="4">转辙器
[客专线(07)006-Ⅱ]</td><td rowspan="2">基本轨图号</td><td>客专线(07)006-Ⅱ-4(直)</td><td rowspan="2">钢轨类型</td><td rowspan="2">60 kg/m 钢轨</td><td rowspan="2">单重</td><td>3 060 kg</td></tr>
<tr><td>客专线(07)006-Ⅱ-5(曲)</td><td>3 060 kg</td></tr>
<tr><td rowspan="2">尖轨图号</td><td>客专线(07)006-Ⅱ-6(曲)</td><td rowspan="2">钢轨类型</td><td rowspan="2">60AT2 钢轨</td><td rowspan="2">单重</td><td>3 140 kg</td></tr>
<tr><td>客专线(07)006-Ⅱ-7(直)</td><td>3 140 kg</td></tr>
<tr><td rowspan="5">辙叉及护轨
[客专线(07)006-Ⅲ]</td><td>辙叉全长</td><td colspan="5">30 590.8 mm</td></tr>
<tr><td rowspan="2">翼轨图号</td><td>客专线(07)006-Ⅲ-5</td><td rowspan="4">钢轨类型</td><td rowspan="2">60TY1 钢轨</td><td rowspan="2">单重</td><td rowspan="2">2 407 kg</td></tr>
<tr><td>客专线(07)006-Ⅲ-6</td></tr>
<tr><td>长心轨图号</td><td>客专线(07)006-Ⅲ-7</td><td rowspan="2">60AT2 钢轨</td><td rowspan="2">单重</td><td>1 760 kg</td></tr>
<tr><td>短心轨图号</td><td>客专线(07)006-Ⅲ-8</td><td>1 430 kg</td></tr>
<tr><td>岔枕
[客专线(07)007]</td><td>岔枕总数</td><td>295 根</td><td>岔枕延长</td><td colspan="3">952.45 m</td></tr>
<tr><td>金属件总重</td><td colspan="2">80 100 kg</td><td colspan="2">非金属件总体积</td><td colspan="2">2 989 300 cm^3</td></tr>
<tr><td colspan="2">道岔板图号</td><td colspan="5">研线 0904-Ⅰ-3</td></tr>
</table>

8. 时速 350 公里 60 kg/m 钢轨 42 号可动心轨辙叉单开道岔(有砟)

设计图号:客专线(07)011

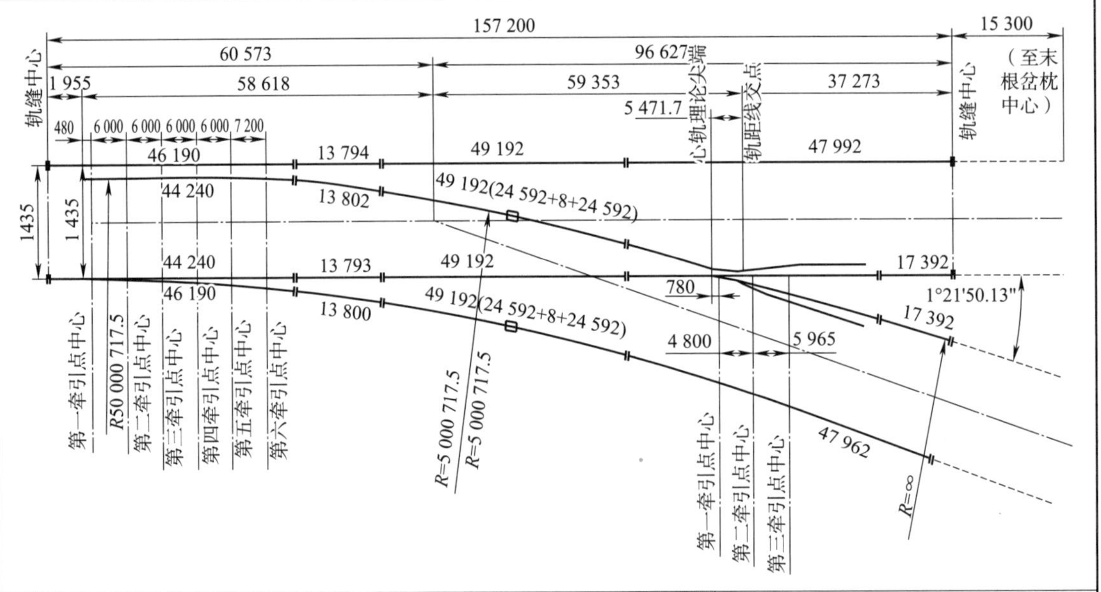

<table>
<tr><td colspan="2">道岔允许通过速度</td><td>$v_{直}\leqslant 350$ km/h
$v_{侧}\leqslant 160$ km/h</td><td>扣件类型</td><td colspan="3">Ⅱ型弹条扣件</td></tr>
<tr><td colspan="2">锁闭形式</td><td>分动钩型外锁闭</td><td>辙跟形式</td><td colspan="3">不设传力结构、限位器、间隔铁</td></tr>
<tr><td colspan="2">动程</td><td colspan="5">尖轨:160 mm、136 mm、111 mm、87 mm、62 mm、33 mm
心轨:114 mm、82 mm、42 mm</td></tr>
<tr><td rowspan="4">转辙器
[客专线(07)011-Ⅱ]</td><td rowspan="2">基本轨图号</td><td>客专线(07)011-Ⅱ-4(直)</td><td rowspan="2">钢轨类型</td><td rowspan="2">60 kg/m 钢轨</td><td rowspan="2">单重</td><td>3 060 kg</td></tr>
<tr><td>客专线(07)011-Ⅱ-5(曲)</td><td>3 060 kg</td></tr>
<tr><td rowspan="2">尖轨图号</td><td>客专线(07)011-Ⅱ-6(曲)</td><td rowspan="2">钢轨类型</td><td rowspan="2">60AT2 钢轨</td><td rowspan="2">单重</td><td>3 140 kg</td></tr>
<tr><td>客专线(07)011-Ⅱ-7(直)</td><td>3 140 kg</td></tr>
<tr><td rowspan="5">辙叉及护轨
[客专线(07)011-Ⅲ]</td><td>辙叉全长</td><td colspan="5">30 590.8 mm</td></tr>
<tr><td rowspan="2">翼轨图号</td><td>客专线(07)006-Ⅲ-5</td><td rowspan="4">钢轨类型</td><td rowspan="2">60TY1 钢轨</td><td rowspan="2">单重</td><td rowspan="2">2 407 kg</td></tr>
<tr><td>客专线(07)006-Ⅲ-6</td></tr>
<tr><td>长心轨图号</td><td>客专线(07)006-Ⅲ-7</td><td rowspan="2">60AT2 钢轨</td><td rowspan="2">单重</td><td>1 760 kg</td></tr>
<tr><td>短心轨图号</td><td>客专线(07)006-Ⅲ-8</td><td>1 430 kg</td></tr>
<tr><td>岔枕
[客专线(07)012]</td><td>岔枕总数</td><td>314 根</td><td>岔枕延长</td><td colspan="3">1 041.39 m</td></tr>
<tr><td>金属件总重</td><td colspan="2">81 600 kg</td><td colspan="2">非金属件总体积</td><td colspan="2">2 670 500 cm^3</td></tr>
</table>

9. 时速 350 公里 60 kg/m 钢轨 42 号可动心轨辙叉单开道岔(无砟)
设计图号:CN-6142AS

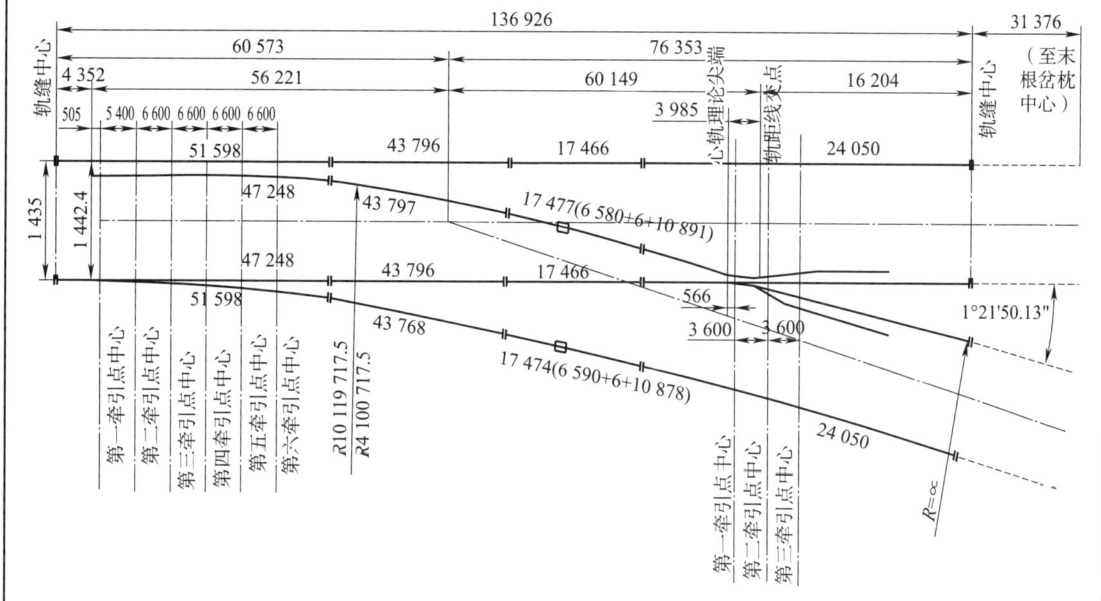

<table>
<tr><td colspan="2">道岔允许通过速度</td><td>$v_{直}\leqslant$350 km/h
$v_{侧}\leqslant$160 km/h</td><td>扣件类型</td><td colspan="3">SKL 12 弹条扣件</td></tr>
<tr><td colspan="2">锁闭形式</td><td>HRS 外锁闭</td><td>辙跟形式</td><td colspan="3">限位器</td></tr>
<tr><td colspan="2">动程</td><td colspan="5">尖轨:120 mm、120 mm、120 mm、120 mm、114 mm、72 mm、
心轨:94.6 mm、71.1 mm、37.1 mm</td></tr>
<tr><td rowspan="4">转辙器
[CN-6142AS-200]</td><td rowspan="2">基本轨图号</td><td>CN-6142AS-220</td><td rowspan="2">钢轨类型</td><td rowspan="2">60 kg/m 钢轨</td><td rowspan="2">单重</td><td>3 129 kg</td></tr>
<tr><td>CN-6142AS-221</td><td>3 129 kg</td></tr>
<tr><td rowspan="2">尖轨图号</td><td>CN-6142AS-230</td><td rowspan="2">钢轨类型</td><td rowspan="2">60AT3 钢轨</td><td rowspan="2">单重</td><td>3 445 kg</td></tr>
<tr><td>CN-6142AS-231</td><td>3 445 kg</td></tr>
<tr><td rowspan="3">辙叉及护轨
[CN-6142AS-300]</td><td>辙叉全长</td><td colspan="5">24 050 mm</td></tr>
<tr><td>翼轨图号</td><td>CN-6142AS-320</td><td rowspan="2">钢轨类型</td><td>60 kg/m 钢轨</td><td>单重</td><td>1 386 kg</td></tr>
<tr><td>心轨图号</td><td>CN-6142AS-330</td><td>锻制叉尖与
60 kg/m 钢轨
闪光焊接</td><td>单重</td><td>2 704 kg</td></tr>
<tr><td>岔枕
[研线 1707]</td><td>岔枕总数</td><td>400 根</td><td>岔枕延长</td><td colspan="3">932.564 m</td></tr>
<tr><td>金属件总重</td><td colspan="2">63 266 kg</td><td colspan="2">非金属件总体积</td><td colspan="2">990 kg</td></tr>
</table>

10. 时速 350 公里 60 kg/m 钢轨 42 号可动心轨辙叉单开道岔(有砟)

设计图号:CN-6142AT

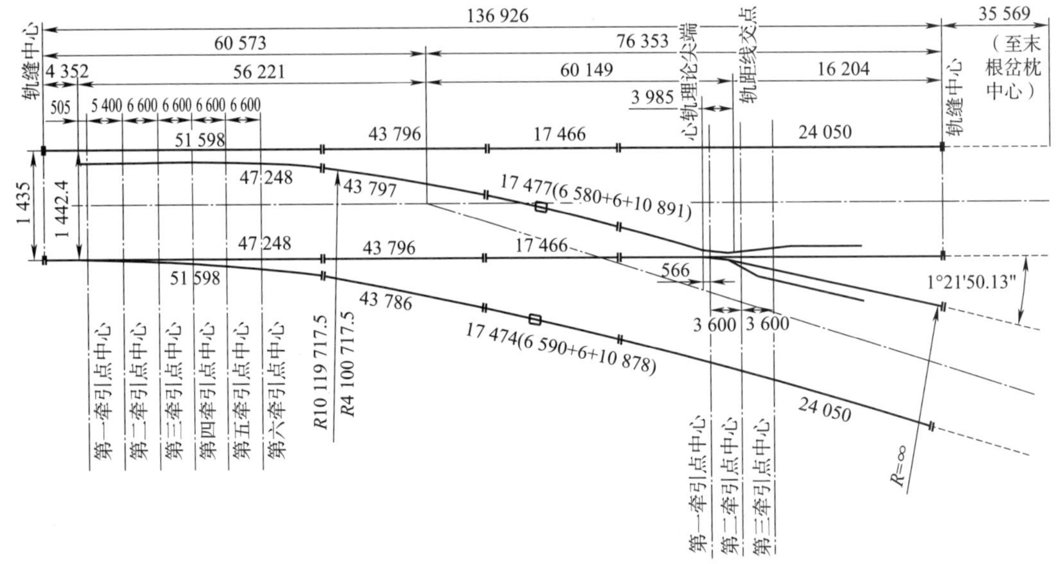

道岔允许通过速度		$v_{直}$≤350 km/h $v_{侧}$≤160 km/h	扣件类型	SKL 12 弹条扣件		
锁闭形式		HRS 外锁闭	辙跟形式	限位器		
动程		尖轨:120 mm、120 mm、120 mm、120 mm、114 mm、72 mm、 心轨:94.6 mm、71.1 mm、37.1 mm				
转辙器 [CN-6142AT-200]	基本轨图号	CN-6142AS-220	钢轨类型	60 kg/m 钢轨	单重	3 129 kg
		CN-6142AS-221				3 129 kg
	尖轨图号	CN-6142AS-230	钢轨类型	60AT3 钢轨	单重	3 445 kg
		CN-6142AS-231				3 445 kg
辙叉及护轨 [CN-6142AT-300]	辙叉全长	24 050 mm				
	翼轨图号	CN-6142AS-320	钢轨类型	60 kg/m 钢轨	单重	1 386 kg
	心轨图号	CN-6142AS-330		锻制叉尖与 60 kg/m 钢轨闪光焊接	单重	2 704 kg
岔枕 [研线 1318]	岔枕总数	296 根	岔枕延长	996.238 m		
金属件总重		63 410 kg	非金属件总重	1 018 kg		

11. 时速 250 公里 60 kg/m 钢轨 18 号可动心轨辙叉单开道岔(无砟)
设计图号:客专线(07)001

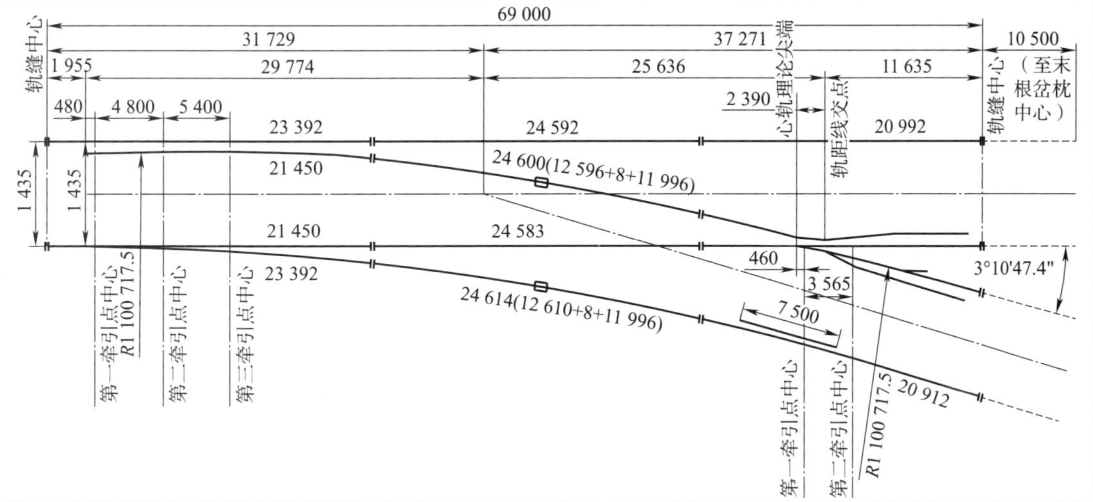

道岔允许通过速度		$v_{直客}$≤250 km/h $v_{直货}$≤120 km/h(23 t) $v_{侧}$≤80 km/h	扣件类型	Ⅱ型弹条扣件		
锁闭形式		分动钩型外锁闭	辙跟形式	不设传力结构、限位器、间隔铁		
动程		尖轨:160 mm、118 mm、71 mm 心轨:115 mm、57 mm				
转辙器 [客专线(07)001-Ⅱ]	基本轨图号	客专线(07)009-Ⅱ-4(直)	钢轨类型	60 kg/m 钢轨	单重	1 575 kg
		客专线(07)009-Ⅱ-5(曲)				1 575 kg
	尖轨图号	客专线(07)004-Ⅱ-6(曲)	钢轨类型	60AT2 钢轨	单重	1 560 kg
		客专线(07)004-Ⅱ-7(直)				1 560 kg
辙叉及护轨 [客专线(07)001-Ⅲ]	辙叉全长	20 992 mm				
	翼轨图号	客专线(07)004-Ⅲ-5	钢轨类型	60TY1 钢轨	单重	1 720 kg
		客专线(07)004-Ⅲ-6				
	长心轨图号	客专线(07)004-Ⅲ-7		60AT2 钢轨	单重	998 kg
	短心轨图号	客专线(07)004-Ⅲ-8		60AT2 钢轨		570 kg
	叉跟尖轨图号	客专线(07)004-Ⅲ-9		60 kg/m 钢轨		348 kg
	护轨图号	客专线(07)004-Ⅲ-10		33 kg/m 槽型钢		250 kg
岔枕 [客专线(07)002]	岔枕总数	144 根	岔枕延长	453.81 m		
金属件总重		38 900 kg	非金属件总体积	1 262 400 cm³		
道岔板图号		研线 0907-Ⅰ-3				

12. 时速 250 公里 60 kg/m 钢轨 18 号可动心轨辙叉单开道岔(有砟)
设计图号:客专线(07)004

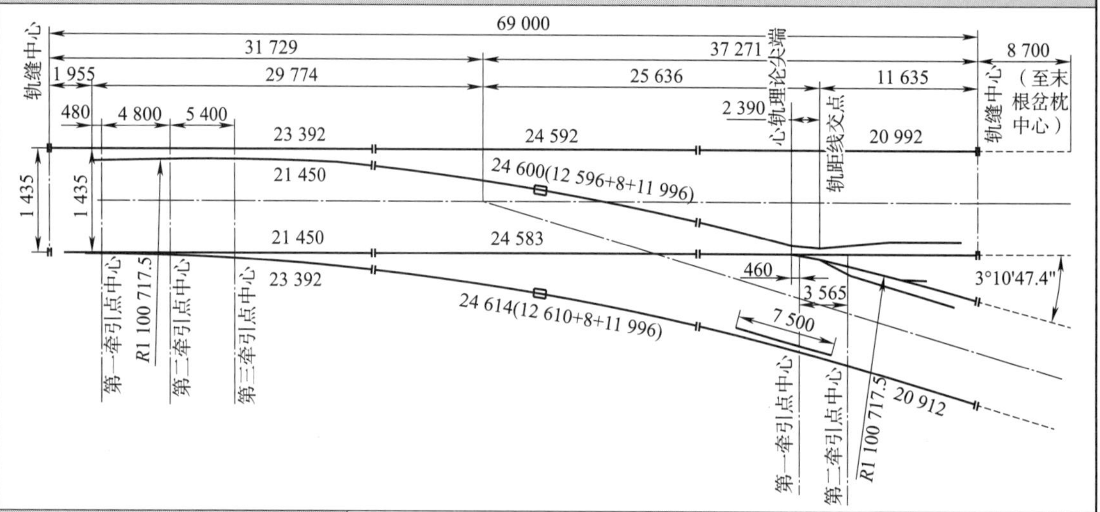

道岔允许通过速度		$v_{直客}$≤250 km/h $v_{直货}$≤120 km/h(23 t) $v_{侧}$≤80 km/h	扣件类型	Ⅱ型弹条扣件		
锁闭形式		分动钩型外锁闭	辙跟形式	不设传力结构、限位器、间隔铁		
动程		尖轨:160 mm、118 mm、71 mm 心轨:115 mm、57 mm				
转辙器 [客专线(07)004-Ⅱ]	基本轨图号	客专线(07)004-Ⅱ-4(直)	钢轨类型	60 kg/m 钢轨	单重	1 575 kg
		客专线(07)004-Ⅱ-5(曲)				1 575 kg
	尖轨图号	客专线(07)004-Ⅱ-6(曲)	钢轨类型	60AT2 钢轨	单重	1 560 kg
		客专线(07)004-Ⅱ-7(直)				1 560 kg
辙叉及护轨 [客专线(07)004-Ⅲ]	辙叉全长	20 992 mm				
	翼轨图号	客专线(07)004-Ⅲ-5	钢轨类型	60TY1 钢轨	单重	1 720 kg
		客专线(07)004-Ⅲ-6				
	长心轨图号	客专线(07)004-Ⅲ-7		60AT2 钢轨	单重	998 kg
	短心轨图号	客专线(07)004-Ⅲ-8		60AT2 钢轨		570 kg
	叉跟尖轨图号	客专线(07)004-Ⅲ-9		60 kg/m 钢轨		348 kg
	护轨图号	客专线(07)004-Ⅲ-10		33 kg/m 槽型钢		250 kg
岔枕 [客专线(07)005]	岔枕总数	140 根	岔枕延长	463.29 m		
金属件总重	39 500 kg		非金属件总体积	1 072 600 cm^3		

13. 时速 250 公里 60 kg/m 钢轨 18 号可动心轨辙叉单开道岔(有砟)
设计图号:CN-6118AB

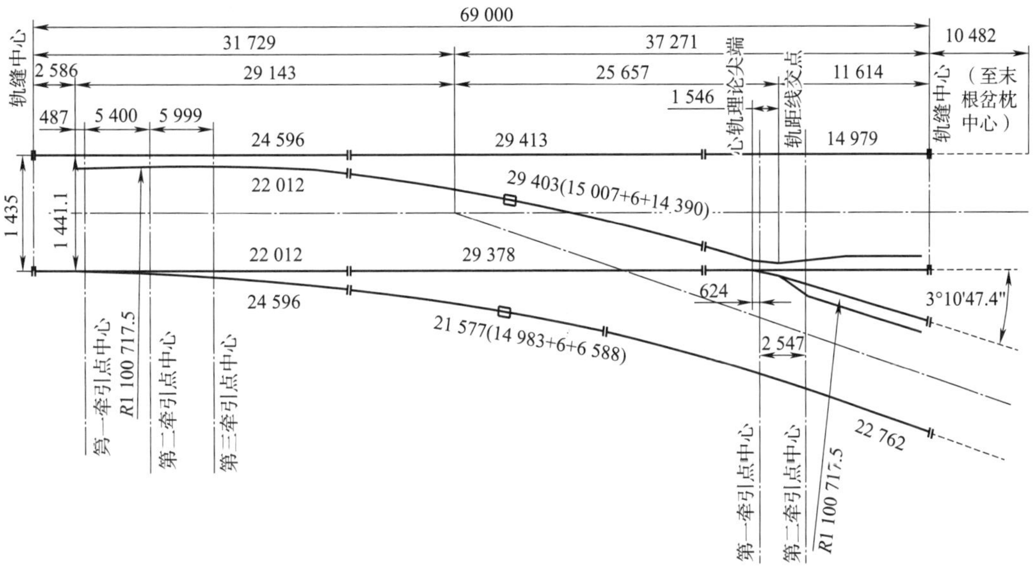

<table>
<tr><td colspan="2">道岔允许通过速度</td><td>$v_{直}$≤250 km/h
$v_{侧}$≤80 km/h</td><td>扣件类型</td><td colspan="3">SKL 12 弹条扣件</td></tr>
<tr><td colspan="2">锁闭形式</td><td>HRS 外锁闭</td><td>辙跟形式</td><td colspan="3">限位器</td></tr>
<tr><td colspan="2">动程</td><td colspan="5">尖轨:120 mm、114 mm、72 mm
心轨:73 mm、38 mm</td></tr>
<tr><td rowspan="4">转辙器
[CN-6118AB-200]</td><td rowspan="2">基本轨图号</td><td>CN-6118A0-220</td><td rowspan="2">钢轨类型</td><td rowspan="2">60 kg/m 钢轨</td><td rowspan="2">单重</td><td>1 492 kg</td></tr>
<tr><td>CN-6118A0-221</td><td>1 492 kg</td></tr>
<tr><td rowspan="2">尖轨图号</td><td>CN-6118A0-230</td><td rowspan="2">钢轨类型</td><td rowspan="2">60AT3 钢轨</td><td rowspan="2">单重</td><td>1 467 kg</td></tr>
<tr><td>CN-6118A0-231</td><td>1 467 kg</td></tr>
<tr><td rowspan="3">辙叉及护轨
[CN-6118AB-300]</td><td>辙叉全长</td><td colspan="5">15 014 mm</td></tr>
<tr><td>翼轨图号</td><td>CN-6118AB-320</td><td rowspan="2">钢轨类型</td><td>60 kg/m 钢轨</td><td>单重</td><td>621.7 kg</td></tr>
<tr><td>心轨图号</td><td>CN-6118AB-330</td><td>锻制叉尖
与 60 kg/m
钢轨闪光焊接</td><td>单重</td><td>1 376.9 kg</td></tr>
<tr><td>岔枕
[研线 1317]</td><td>岔枕总数</td><td>144 根</td><td>岔枕延长</td><td colspan="3">453.421 m</td></tr>
<tr><td>金属件总重</td><td colspan="2">26 787 kg</td><td colspan="2">非金属件总重</td><td colspan="2">251 kg</td></tr>
</table>

14. 时速 250 公里 60 kg/m 钢轨 30 号可动心轨辙叉单开道岔(有砟)

设计图号:GLC(08)06

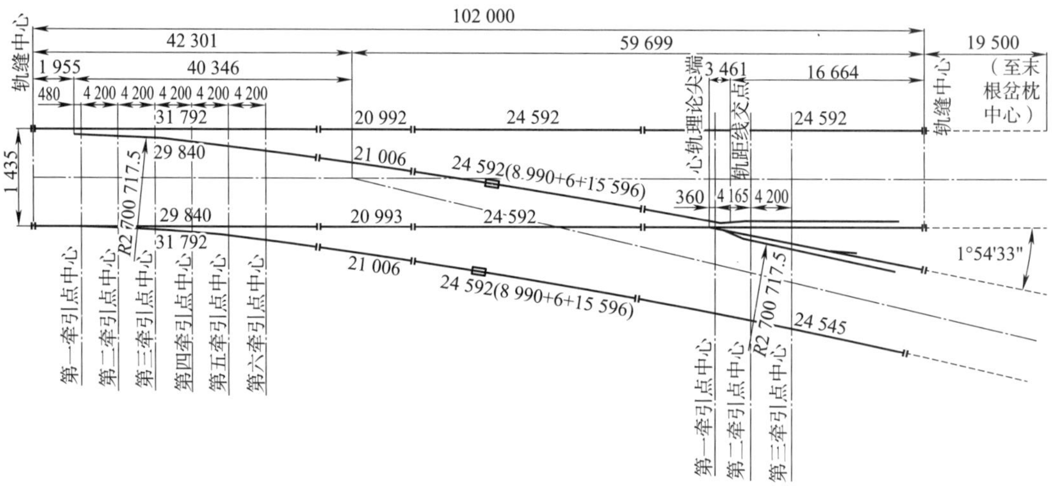

道岔允许通过速度		$v_{直客} \leqslant 250$ km/h $v_{直货} \leqslant 120$ km/h $v_{侧} \leqslant 120$ km/h	轴重	25 t		
锁闭形式		分动外锁闭	扣件类型	Ⅱ型弹条扣件		
轨道电路		型号:ZPW2000-A 25 Hz	辙跟形式	间隔铁、不设传力机构		
动程		尖轨:160 mm、134 mm、108 mm、83 mm、57 mm、31 mm 心轨:107 mm、73 mm、39 mm				
转辙器 [GLC(08)06-100]	基本轨图号	GLC(08)06-102(直) GLC(08)06-103(曲)	钢轨类型	60 kg/m 钢轨	单重	1 982 kg
	尖轨图号	GLC(08)06-104(曲) GLC(08)06-105(直)	钢轨类型	60AT2 钢轨	单重	2 089 kg
辙叉及护轨 [GLC(08)06-200]	辙叉形式	可动心轨辙叉	辙叉全长	24 592 mm		
	翼轨图号	GLC(08)06-202 GLC(08)06-203	钢轨类型	60TY1 钢轨	单重	1 692 kg
	长心轨图号	GLC(08)06-204	钢轨类型	60AT2 钢轨	单重	1 419 kg
	短心轨图号	GLC(08)06-205	钢轨类型	60AT2 钢轨	单重	934 kg
	叉跟尖轨图号	GLC(08)06-206	钢轨类型	60 kg/m 钢轨	单重	348 kg
岔枕 [GLC(08)06-300]	岔枕总数	214 根	岔枕延长	708.9 m		
金属件总重		56 380 kg	非金属件总体积	1 697 630 cm³		

15. 60 kg/m 钢轨 12 号单开道岔(有砟)
设计图号:专线 4249

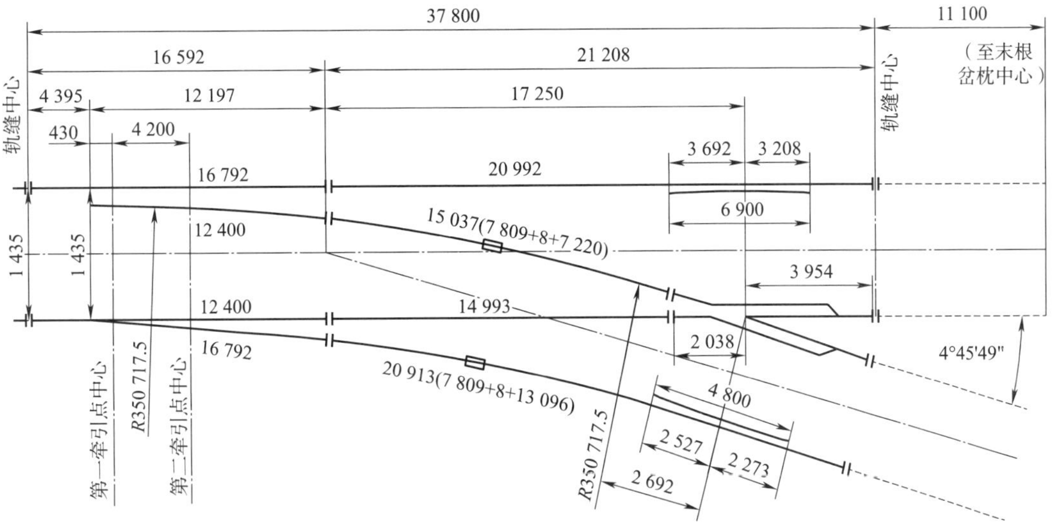

道岔允许通过速度		$v_{直客} \leqslant$160 km/h $v_{直货} \leqslant$90 km/h(23 t) $v_{直货} \leqslant$80 km/h(25 t) $v_{侧} \leqslant$50 km/h	扣件类型	Ⅱ型弹条扣件		
锁闭形式		分动外锁闭	辙跟形式	限位器		
动程		尖轨:160 mm、75 mm				
转辙器 [专线 4250]	基本轨图号	专线 4250-5(直) 专线 4250-6(曲)	钢轨类型	60 kg/m 钢轨	单重	1 060 kg
	尖轨图号	专线 4250-7(曲) 专线 4250-8(直)	钢轨类型	60AT1 钢轨	单重	1 050 kg
辙叉及护轨 [专线 4251]	辙叉全长	5 992 mm				
	辙叉图号	专线 4251-4	辙叉形式	高锰钢整铸式	单重	1 200 kg
	护轨图号	专线 4251-5(直) 专线 4251-6(侧)	钢轨类型	50 kg/m 钢轨	单重	355 kg 247 kg
岔枕 [专线 3399]	岔枕总数	88 根	岔枕延长	290.7 m		
金属件总重		17 546 kg	非金属件总体积	234 660 cm^3		

16. 60 kg/m 钢轨 12 号单开道岔(无砟)
设计图号:专线 4311

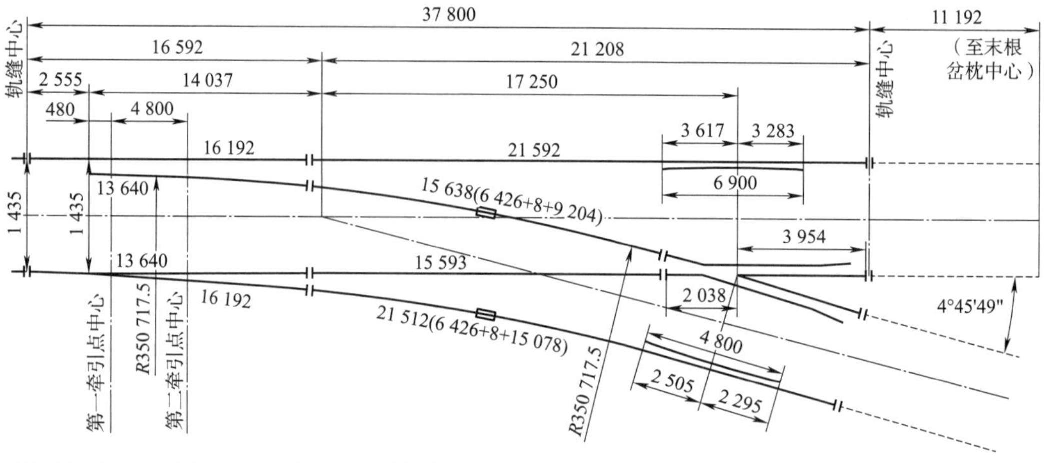

道岔允许通过速度		$v_{直客}\leqslant$160 km/h $v_{直货}\leqslant$120 km/h(23 t) $v_{侧}\leqslant$50 km/h	扣件类型	Ⅱ型弹条扣件		
锁闭形式		分动外锁闭	辙跟形式	限位器		
动程		尖轨:160 mm、82 mm				
转辙器 [专线 4311-Ⅱ]	基本轨图号	客专线(10)017-Ⅱ-4(直)	钢轨类型	60 kg/m 钢轨	单重	1 056 kg
		客专线(10)017-Ⅱ-5(曲)				1 056 kg
	尖轨图号	客专线(10)017-Ⅱ-6(曲)	钢轨类型	60AT2 钢轨	单重	974 kg
		客专线(10)017-Ⅱ-7(直)				974 kg
辙叉及护轨 [专线 4311-Ⅲ]	辙叉全长	5 992mm				
	翼轨图号	专线 4311-Ⅲ-5	钢轨类型	60 kg/m 钢轨	单重	290 kg
	翼轨镶块图号	专线 4311-Ⅲ-6		合金钢		70 kg
	锻造叉心图号	专线 4311-Ⅲ-7		合金钢		136 kg
	叉跟轨图号	专线 4311-Ⅲ-8		60 kg/m 钢轨		167 kg
	护轨图号	专线 4311-Ⅲ-9(直)		33 kg/m 槽型钢	单重	227 kg
	护轨图号	专线 4311-Ⅲ-10(侧)		33 kg/m 槽型钢		158 kg
岔枕 [专线 3465-Ⅰ]	岔枕总数	89 根	岔枕延长	285.01 m		
金属件总重	21 300 kg		非金属件总体积	832 700 cm^3		

17. 时速 200 公里 60 kg/m 钢轨 12 号可动心轨辙叉单开道岔(有砟)
设计图号:GLC(08)01

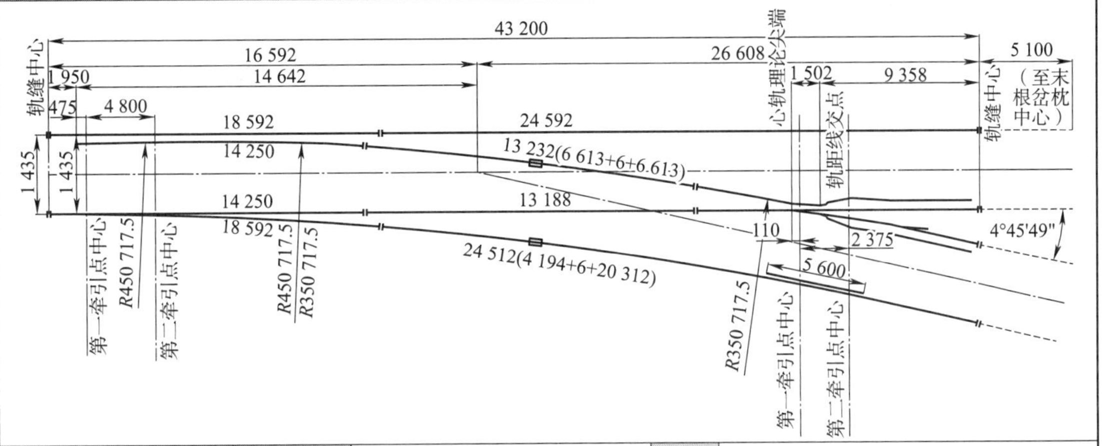

道岔允许通过速度		$v_{直客}\leqslant 200$ km/h $v_{直货}\leqslant 120$ km/h $v_{侧}\leqslant 50$ km/h	轴重	25 t		
锁闭形式		分动外锁闭	扣件类型	Ⅱ型弹条扣件		
轨道电路		型号:ZPW2000-A 25 Hz	辙跟形式	限位器、间隔铁		
动程		尖轨:160 mm、91 mm;心轨:122.9 mm、75.9 mm				
转辙器 [GLC(06)01-100]	基本轨图号	GLC(06)01-101(直) GLC(06)01-102(曲)	钢轨类型	60 kg/m 钢轨	单重	1 168 kg
	尖轨图号	GLC(06)01-103(曲) GLC(06)01-104(直)	钢轨类型	60AT1 钢轨	单重	1 170 kg
辙叉及护轨 [GLC(08)01-200]	辙叉形式	可动心轨辙叉	辙叉全长	13 792 mm		
	护轨图号	GLC(06)01-207	钢轨类型	33 kg/m 槽型钢	单重	255 kg
	翼轨图号	GLC(08)01-202 GLC(08)01-203	钢轨类型	60TY1 钢轨	单重	984 kg
	长心轨图号	GLC(08)01-204	钢轨类型	60AT1 钢轨	单重	940 kg
	短心轨图号	GLC(06)01-205	钢轨类型	60AT1 钢轨	单重	540 kg
	叉跟尖轨图号	GLC(06)01-206	钢轨类型	60 kg/m 钢轨	单重	275 kg
岔枕 [GLC(06)01-300]	岔枕总数	87 根	岔枕延长	287.22 m		
金属件总重		24 327 kg	非金属件总体积	429 116 cm^3		

18. 60 kg/m 钢轨 12 号单开道岔(无砟)

设计图号:研线 1505

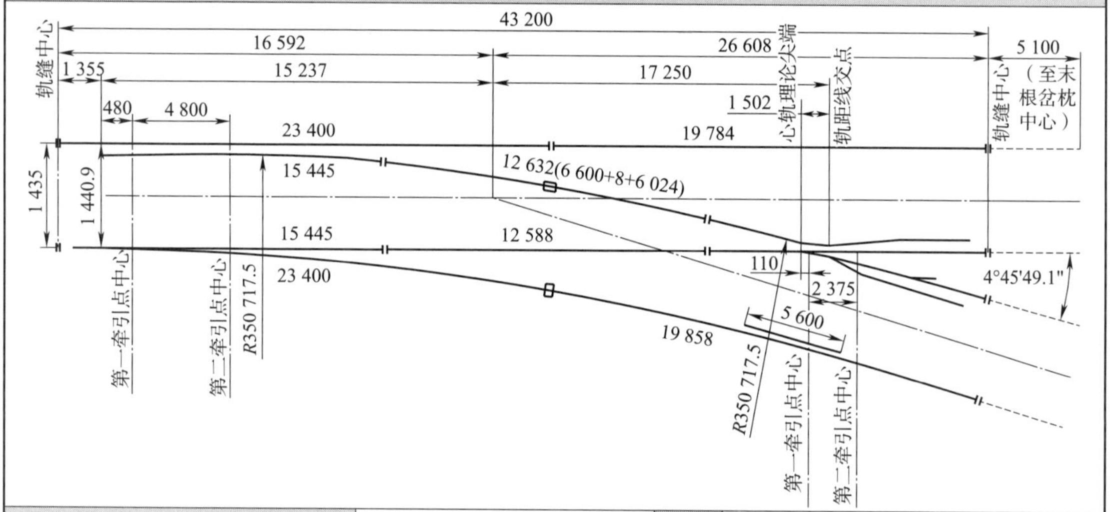

道岔允许通过速度		$v_{直客}\leqslant$200 km/h $v_{直货}\leqslant$100 km/h(27 t) $v_{直货}\leqslant$120 km/h $v_{侧}\leqslant$45 km/h	扣件类型	Ⅱ型弹条扣件		
锁闭形式		外锁闭	辙跟形式	限位器		
动程		尖轨:160 mm、80 mm 心轨:122.9 mm、75.9 mm				
转辙器 [研线 1505-100]	基本轨图号	研线 1115-101(直) 研线 1115-102(曲)	钢轨类型	60 kg/m 钢轨	单重	1 528 kg
	尖轨图号	研线 1115-103(曲) 研线 1115-104(直)	钢轨类型	60AT1 钢轨	单重	1 289 kg
辙叉及护轨 [研线 1505-200]	辙叉全长	13 792 mm				
	翼轨图号	研线 1505-203 研线 1505-204	钢轨类型	60TY1 钢轨	单重	984 kg
	长心轨图号	研线 1505-205	钢轨类型	60AT1 钢轨	单重	940 kg
	短心轨图号	研线 1505-206	钢轨类型	60AT1 钢轨	单重	540 kg
	叉跟尖轨图号	GLC(06)01-206	钢轨类型	60 kg/m 钢轨	单重	275 kg
	护轨图号	GLC(06)01-207	钢轨类型	33 kg/m 槽型钢	单重	255 kg
岔枕 [研线 1505-400]	岔枕总数	89 根	岔枕延长	290.53 m		
金属件总重		23 403 kg	非金属件总体积	283 265 cm^3		

19. 时速 200 公里 60 kg/m 钢轨 18 号可动心轨辙叉单开道岔(有砟)
设计图号:GLC(07)02

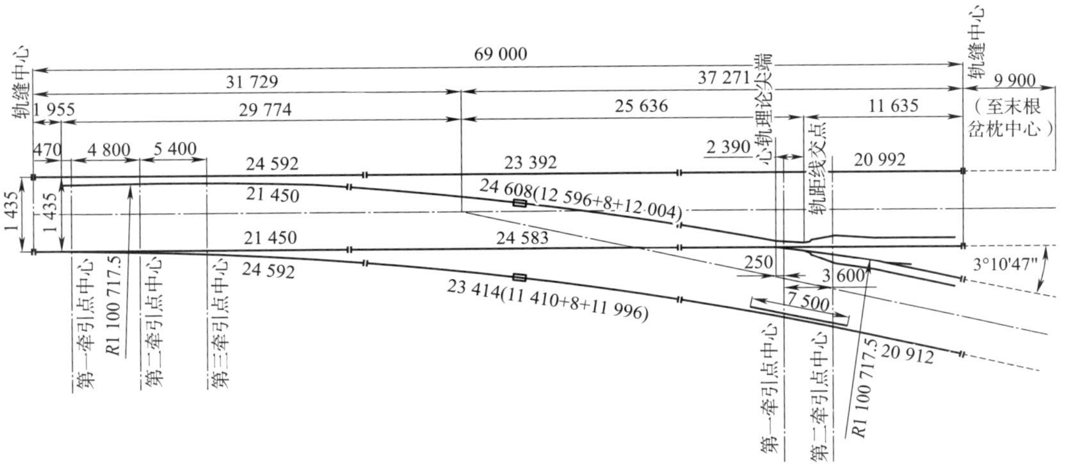

道岔允许通过速度		$v_{直客}\leqslant$200 km/h $v_{直货}\leqslant$120 km/h $v_{侧}\leqslant$80 km/h	轴重	25 t		
锁闭形式		分动外锁闭	扣件类型	Ⅱ型弹条扣件		
轨道电路		型号:ZPW2000-A 25 Hz	辙跟形式	限位器、间隔铁、不设传力机构		
动程		尖轨:160 mm、118 mm、71 mm;心轨:115 mm、57 mm				
转辙器 [GLC(07)02-100]	基本轨图号	GLC(07)02-102(直) GLC(07)02-103(曲)	钢轨类型	60 kg/m 钢轨	单重	1 540 kg
	尖轨图号	GLC(07)02-104(曲) GLC(07)02-105(直)	钢轨类型	60AT1 钢轨	单重	1 760 kg
辙叉及护轨 [GLC(07)02-200]	辙叉形式	可动心轨辙叉	辙叉全长	20 992 mm		
	护轨图号	GLC(07)02-207	钢轨类型	33 kg/m 槽型钢	单重	248 kg
	翼轨图号	GLC(07)02-202 GLC(07)02-203	钢轨类型	60TY1 钢轨	单重	1 793 kg
	长心轨图号	GLC(07)02-204	钢轨类型	60AT1 钢轨	单重	1 136 kg
	短心轨图号	GLC(07)02-205	钢轨类型	60AT1 钢轨	单重	652 kg
	叉跟尖轨图号	GLC(07)02-206	钢轨类型	60 kg/m 钢轨	单重	348 kg
岔枕 [GLC(07)02-300]	岔枕总数	141 根	岔枕延长	462.04 m		
金属件总重		37 588 kg	非金属件总体积	1 698 192 cm^3		

20. 时速 200 公里 60 kg/m 钢轨 18 号可动心轨辙叉单开道岔(无砟)
设计图号:GLC(07)02W

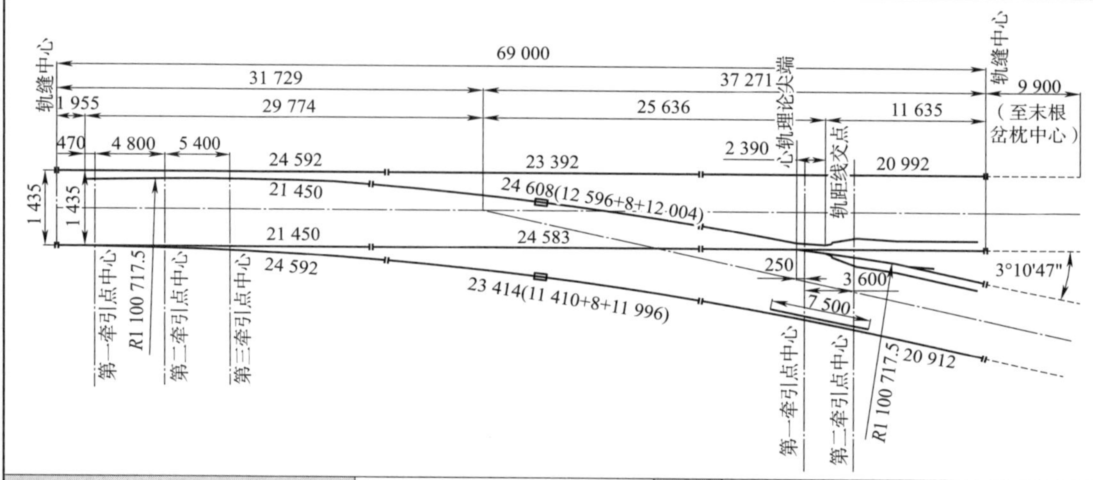

<table>
<tr><td colspan="2">道岔允许通过速度</td><td>$v_{直客}$≤200 km/h
$v_{直货}$≤120 km/h
$v_{侧}$≤80 km/h</td><td>轴重</td><td colspan="3">25 t</td></tr>
<tr><td colspan="2">锁闭形式</td><td>分动外锁闭</td><td>扣件类型</td><td colspan="3">Ⅱ型弹条扣件</td></tr>
<tr><td colspan="2">轨道电路</td><td>型号:ZPW2000-A
25 Hz</td><td>辙跟形式</td><td colspan="3">限位器、间隔铁、不设传力机构</td></tr>
<tr><td colspan="2">动程</td><td colspan="5">尖轨:160 mm、118 mm、71 mm;心轨:115 mm、57 mm</td></tr>
<tr><td rowspan="4">转辙器
[GLC(07)02W-100]</td><td rowspan="2">基本轨图号</td><td>GLC(07)02-102(直)</td><td rowspan="2">钢轨类型</td><td rowspan="2">60 kg/m 钢轨</td><td rowspan="2">单重</td><td rowspan="2">1 540 kg</td></tr>
<tr><td>GLC(07)02-103(曲)</td></tr>
<tr><td rowspan="2">尖轨图号</td><td>GLC(07)02-104(曲)</td><td rowspan="2">钢轨类型</td><td rowspan="2">60AT1 钢轨</td><td rowspan="2">单重</td><td rowspan="2">1 760 kg</td></tr>
<tr><td>GLC(07)02-105(直)</td></tr>
<tr><td rowspan="7">辙叉及护轨
[GLC(07)02W-200]</td><td>辙叉形式</td><td>可动心轨辙叉</td><td>辙叉全长</td><td colspan="3">20 992 mm</td></tr>
<tr><td>护轨图号</td><td>GLC(07)02-207</td><td>钢轨类型</td><td>33 kg/m 槽型钢</td><td>单重</td><td>248 kg</td></tr>
<tr><td rowspan="2">翼轨图号</td><td>GLC(07)02-202</td><td rowspan="2">钢轨类型</td><td rowspan="2">60TY1 钢轨</td><td rowspan="2">单重</td><td rowspan="2">1 793 kg</td></tr>
<tr><td>GLC(07)02-203</td></tr>
<tr><td>长心轨图号</td><td>GLC(07)02-204</td><td>钢轨类型</td><td>60AT1 钢轨</td><td>单重</td><td>1 136 kg</td></tr>
<tr><td>短心轨图号</td><td>GLC(07)02-205</td><td>钢轨类型</td><td>60AT1 钢轨</td><td>单重</td><td>652 kg</td></tr>
<tr><td>叉跟尖轨图号</td><td>GLC(07)02-206</td><td>钢轨类型</td><td>60 kg/m 钢轨</td><td>单重</td><td>348 kg</td></tr>
<tr><td>岔枕
[研线 1005]</td><td>岔枕总数</td><td>141 根</td><td>岔枕延长</td><td colspan="3">462.04 m</td></tr>
<tr><td>金属件总重</td><td colspan="2">38 247 kg</td><td colspan="2">非金属件总体积</td><td colspan="2">1 698 192 cm³</td></tr>
</table>

21. 50 kg/m 钢轨 9 号单开道岔(有砟)

设计图号:CZ2209

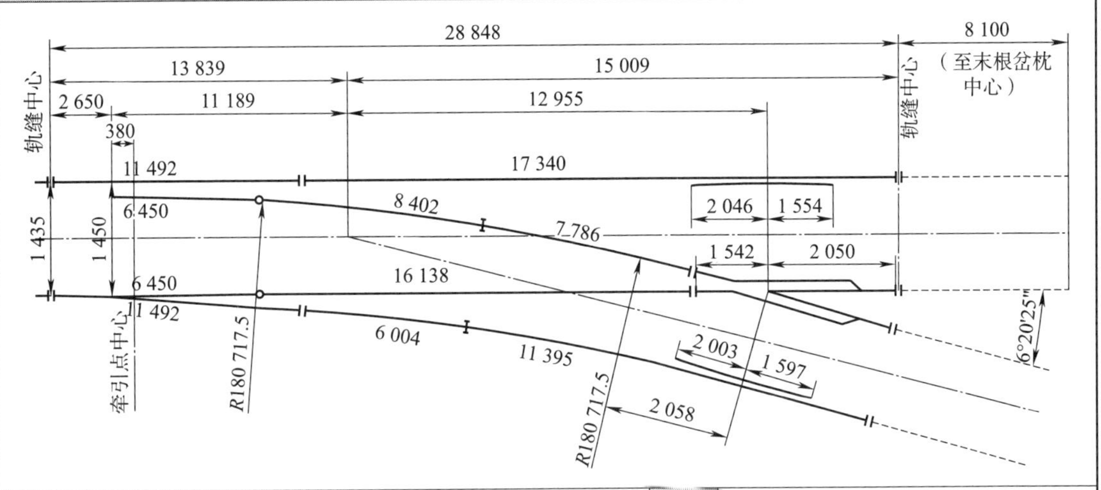

道岔允许通过速度		$v_{直客}\leqslant100$ km/h $v_{直货}\leqslant80$ km/h $v_{侧}\leqslant35$ km/h	扣件类型	Ⅰ型弹条扣件		
锁闭形式		联动内锁闭	辙跟形式	间隔铁式活接头		
动程		尖轨:152 mm				
转辙器 [CB2212]	基本轨图号	CB2230-01(直)	钢轨类型	50 kg/m 钢轨	单重	599 kg
		CB2230-02(曲)				
	尖轨图号	CB2230-03(左侧)	钢轨类型	50AT1 钢轨	单重	458 kg
		CB2230-03(右侧)				
辙叉及护轨 [CB2213-43kg/m 钢轨护轨;CB2213A-33kg/m 槽型钢护轨]	辙叉全长	3 592 mm				
	辙叉图号	CB319-01	辙叉形式	高锰钢整铸式	单重	560 kg
	护轨图号	CB2213-01(直)	钢轨类型	43 kg/m 钢轨	单重	161 kg
		CB2213A-01(直)		33 kg/m 槽型钢		118 kg
	护轨图号	CB2213-02(侧)	钢轨类型	43 kg/m 钢轨	单重	161 kg
		CB2213A-02(侧)		33 kg/m 槽型钢		118 kg
岔枕 [CZ2209Z]	岔枕总数	69 根	岔枕延长	217.7 m		
金属件总重		11 947 kg	非金属件总体积	181 779 cm^3		

22. 60 kg/m 钢轨 9 号单开道岔(有砟)
设计图号:CZ577

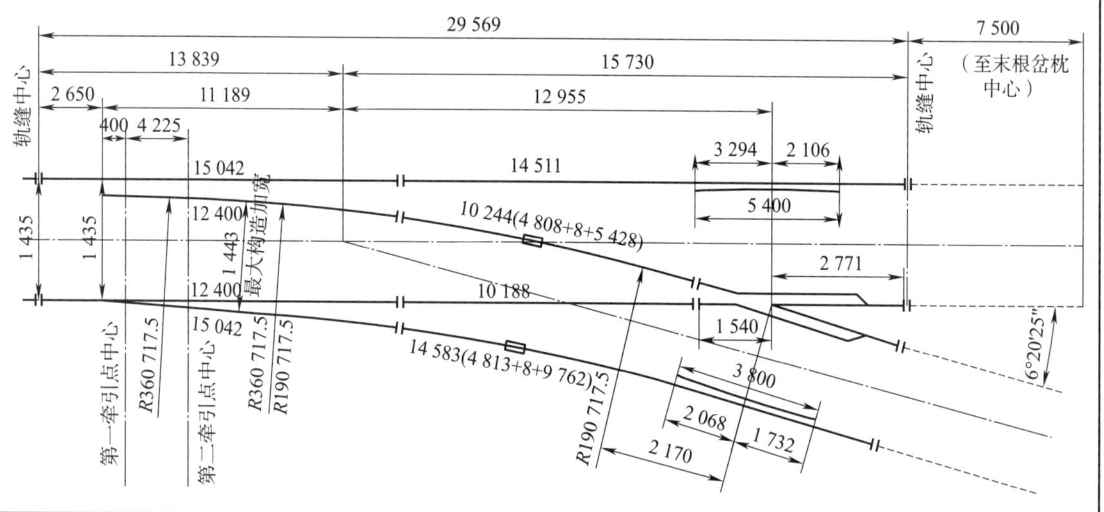

<table>
<tr><td colspan="2">道岔允许通过速度</td><td>$v_{直客}\leqslant$120 km/h
$v_{直货}\leqslant$90 km/h(23 t)
$v_{直货}\leqslant$80 km/h(25 t)
$v_{侧}\leqslant$35 km/h</td><td>扣件类型</td><td colspan="3">Ⅱ型弹条扣件</td></tr>
<tr><td colspan="2">锁闭形式</td><td>联动内锁闭</td><td>辙跟形式</td><td colspan="3">限位器</td></tr>
<tr><td colspan="2">动程</td><td colspan="5">尖轨:160 mm、75 mm</td></tr>
<tr><td rowspan="4">转辙器
[CB684]</td><td rowspan="2">基本轨图号</td><td>CB684-01(直)</td><td rowspan="2">钢轨类型</td><td rowspan="2">60 kg/m 钢轨</td><td rowspan="2">单重</td><td>953 kg</td></tr>
<tr><td>CB684-02(曲)</td><td>950 kg</td></tr>
<tr><td rowspan="2">尖轨图号</td><td>CB684-03(曲)</td><td rowspan="2">钢轨类型</td><td rowspan="2">60AT1 钢轨</td><td rowspan="2">单重</td><td>1 065 kg</td></tr>
<tr><td>CB684-04(直)</td><td>1 065 kg</td></tr>
<tr><td rowspan="4">辙叉及护轨
[CB685H]</td><td>辙叉全长</td><td colspan="5">4 311 mm</td></tr>
<tr><td>辙叉图号</td><td>CB685-01</td><td>辙叉形式</td><td>高锰钢整铸式</td><td>单重</td><td>720 kg</td></tr>
<tr><td rowspan="2">护轨图号</td><td>CB685A-02(直)</td><td rowspan="2">钢轨类型</td><td rowspan="2">33 kg/m 槽型钢</td><td rowspan="2">单重</td><td>174 kg</td></tr>
<tr><td>CB685A-03(侧)</td><td>123 kg</td></tr>
<tr><td>岔枕
[CZ577Z]</td><td>岔枕总数</td><td>69 根</td><td>岔枕延长</td><td colspan="3">222.32 m</td></tr>
<tr><td>金属件总重</td><td colspan="2">14 398 kg</td><td colspan="2">非金属件总体积</td><td colspan="2">191 733 cm^3</td></tr>
</table>

23. 50 kg/m 钢轨 12 号单开道岔(有砟)
设计图号:专线 4257

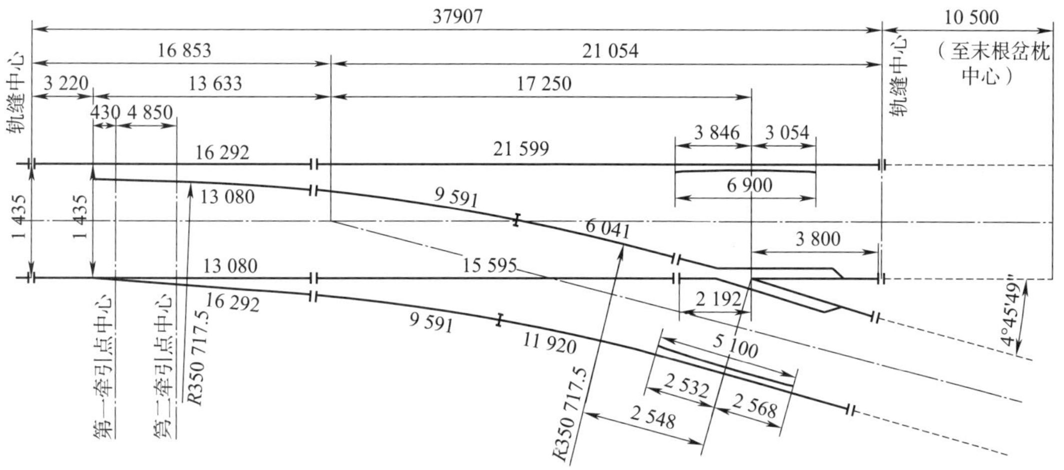

道岔允许通过速度		$v_{直客}\leqslant 120$ km/h $v_{直货}\leqslant 80$ km/h $v_{侧}\leqslant 50$ km/h	扣件类型	Ⅰ型弹条扣件		
锁闭形式		联动内锁闭	辙跟形式	限位器		
动程		尖轨:160 mm、82 mm				
转辙器 [专线 4258]	基本轨图号	专线 4258-4(直)	钢轨类型	50 kg/m 钢轨	单重	875 kg
		专线 4258-5(曲)				
	尖轨图号	专线 4258-6(曲)	钢轨类型	50AT1 钢轨	单重	934 kg
		专线 4258-7(直)				
辙叉及护轨 [专线 4259]	辙叉全长	5 992 mm				
	辙叉图号	专线 4259-4	辙叉形式	高锰钢整铸式	单重	1 050 kg
	护轨图号	专线 4259-5(直)	钢轨类型	43 kg/m 钢轨	单重	308 kg
	护轨图号	专线 4259-6(侧)	钢轨类型	43 kg/m 钢轨	单重	228 kg
岔枕 [专线(01)3423]	岔枕总数	88 根	岔枕延长	283.3 m		
金属件总重	17 131 kg		非金属件总体积	237 386 cm^3		

24. 60 kg/m 钢轨 12 号单开道岔(有砟)
设计图号:SC(07)330

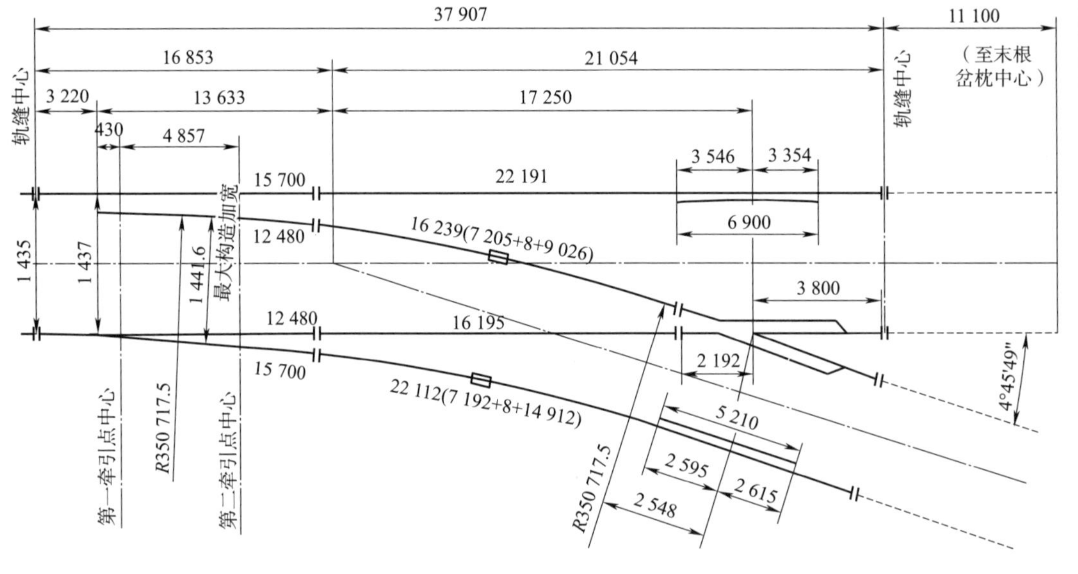

<table>
<tr><td colspan="2">道岔允许通过速度</td><td>$v_{直客}\leqslant$120 km/h
$v_{直货}\leqslant$90 km/h(23 t)
$v_{侧}\leqslant$50 km/h</td><td>扣件类型</td><td colspan="3">Ⅱ型弹条扣件</td></tr>
<tr><td colspan="2">锁闭形式</td><td>联动内锁闭</td><td>辙跟形式</td><td colspan="3">间隔铁、限位器</td></tr>
<tr><td colspan="2">动程</td><td colspan="5">尖轨:180 mm、75 mm</td></tr>
<tr><td rowspan="4">转辙器
[SC(07)330-100]</td><td rowspan="2">基本轨图号</td><td>SC(07)330-102(直)</td><td rowspan="2">钢轨类型</td><td rowspan="2">60 kg/m 钢轨</td><td rowspan="2">单重</td><td>986 kg</td></tr>
<tr><td>SC(07)330-103(曲)</td><td>988 kg</td></tr>
<tr><td rowspan="2">尖轨图号</td><td>SC(07)330-104(曲)</td><td rowspan="2">钢轨类型</td><td rowspan="2">60AT1 钢轨</td><td rowspan="2">单重</td><td>1 070 kg</td></tr>
<tr><td>SC(07)330-105(直)</td><td>1 070 kg</td></tr>
<tr><td rowspan="4">辙叉及护轨
[SC(07)330-200]</td><td>辙叉全长</td><td colspan="5">5 992 mm</td></tr>
<tr><td>辙叉图号</td><td>SC330-202</td><td>辙叉形式</td><td>高锰钢整铸式</td><td>单重</td><td>1 200 kg</td></tr>
<tr><td rowspan="2">护轨图号</td><td>SC330C-203(直)</td><td rowspan="2">钢轨类型</td><td rowspan="2">33 kg/m 槽型钢</td><td rowspan="2">单重</td><td>223 kg</td></tr>
<tr><td>SC330C-204(侧)</td><td>168 kg</td></tr>
<tr><td>岔枕
[SC330-500]</td><td>岔枕总数</td><td>90 根</td><td>岔枕延长</td><td colspan="3">286.22 m</td></tr>
<tr><td>金属件总重</td><td colspan="2">18 004 kg</td><td colspan="2">非金属件总体积</td><td colspan="2">248 743 cm³</td></tr>
</table>

25. 60 kg/m 钢轨 12 号单开道岔(有砟)
设计图号:研线 1115

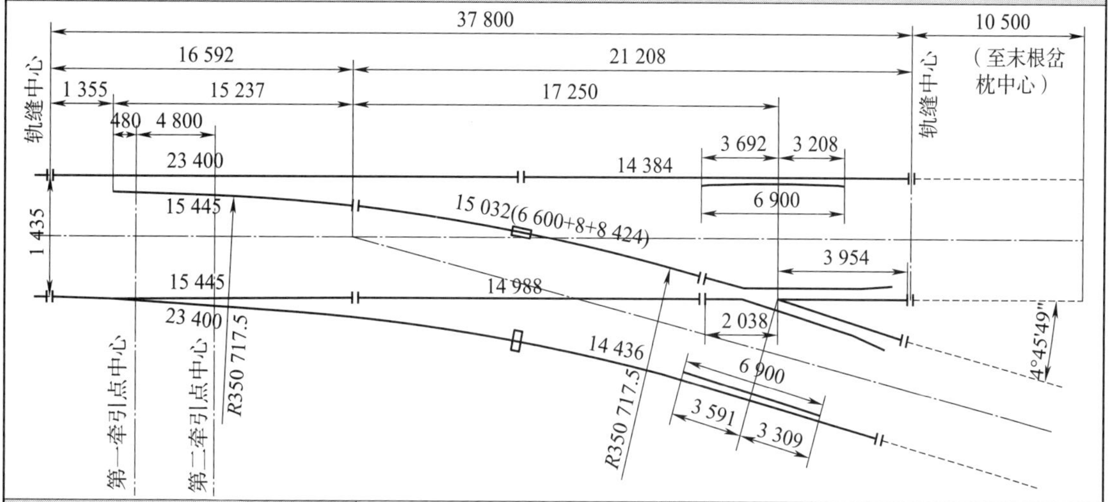

<table>
<tr><td colspan="2">道岔允许通过速度</td><td>$v_{直客}\leqslant$160 km/h
$v_{直货}\leqslant$100 km/h(27 t)
$v_{直货}\leqslant$120 km/h
$v_{侧}\leqslant$45 km/h</td><td>扣件类型</td><td colspan="3">Ⅱ型弹条扣件</td></tr>
<tr><td colspan="2">锁闭形式</td><td>分动外锁闭</td><td>辙跟形式</td><td colspan="3">限位器</td></tr>
<tr><td colspan="2">动程</td><td colspan="5">尖轨:160 mm、80 mm</td></tr>
<tr><td rowspan="4">转辙器
[研线 1115-100]</td><td rowspan="2">基本轨图号</td><td>研线 1115-101(直)</td><td rowspan="2">钢轨类型</td><td rowspan="2">60 kg/m 钢轨</td><td rowspan="2">单重</td><td>1 538 kg</td></tr>
<tr><td>研线 1115-102(曲)</td><td>1 505 kg</td></tr>
<tr><td rowspan="2">尖轨图号</td><td>研线 1115-103(曲)</td><td rowspan="2">钢轨类型</td><td rowspan="2">60AT1 钢轨</td><td rowspan="2">单重</td><td>1 289 kg</td></tr>
<tr><td>研线 1115-104(直)</td><td>1 290 kg</td></tr>
<tr><td rowspan="6">辙叉及护轨
[研线 1115-200]</td><td>辙叉全长</td><td colspan="5">5 992 mm</td></tr>
<tr><td rowspan="3">辙叉图号</td><td>研线 1115-201A</td><td rowspan="3">辙叉形式</td><td>镶嵌翼轨式合金钢组合辙叉</td><td rowspan="3">单重</td><td rowspan="3">1 327 kg</td></tr>
<tr><td>研线 1115-201B</td><td>焊接式翼轨加强型合金钢组合辙叉</td></tr>
<tr><td>研线 1115-201C</td><td>高锰钢组合辙叉</td></tr>
<tr><td rowspan="2">护轨图号</td><td>研线 1116-202(直)</td><td rowspan="2">钢轨类型</td><td rowspan="2">33 kg/m 槽型钢</td><td rowspan="2">单重</td><td rowspan="2">228 kg</td></tr>
<tr><td>研线 1116-203(侧)</td></tr>
<tr><td>岔枕
[研线 1116-400]</td><td>岔枕总数</td><td>89 根</td><td>岔枕延长</td><td colspan="3">297.64 m</td></tr>
<tr><td>金属件总重</td><td colspan="2">19 466 kg</td><td colspan="2">非金属件总体积</td><td colspan="2">306 473 cm^3</td></tr>
</table>

26.75 kg/m 钢轨 12 号单开道岔(有砟)
设计图号:研线 1116

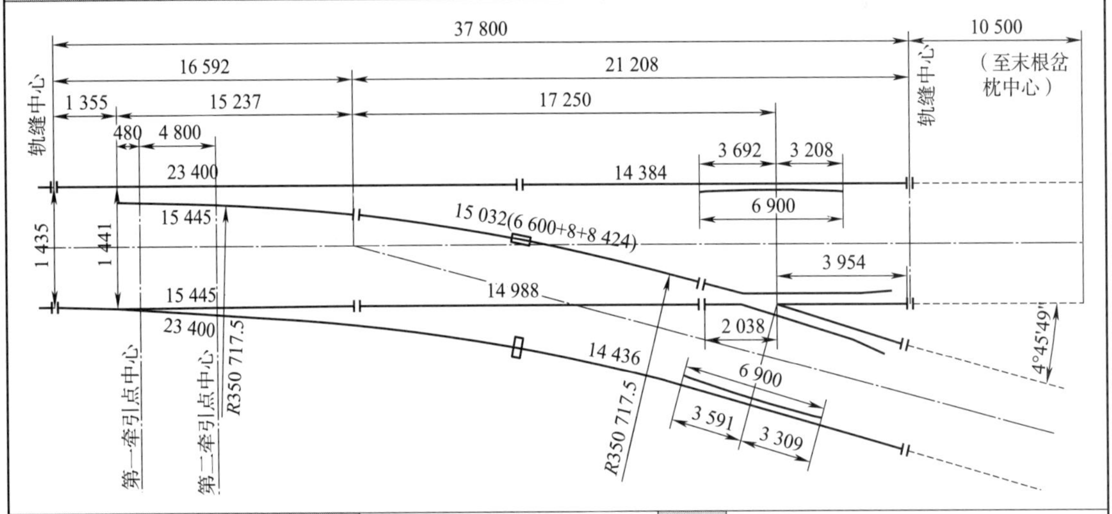

<table>
<tr><td colspan="2">道岔允许通过速度</td><td>$v_{直货}$≤100 km/h(27 t)
$v_{直货}$≤120 km/h
$v_{侧}$≤45 km/h</td><td>扣件类型</td><td colspan="3">Ⅱ型弹条扣件</td></tr>
<tr><td colspan="2">锁闭形式</td><td>分动外锁闭</td><td>辙跟形式</td><td colspan="3">限位器</td></tr>
<tr><td colspan="2">动程</td><td colspan="5">尖轨:160 mm、80 mm</td></tr>
<tr><td rowspan="4">转辙器
[研线 1116-100]</td><td rowspan="2">基本轨图号</td><td>研线 1116-101(直)</td><td rowspan="2">钢轨类型</td><td rowspan="2">75 kg/m 钢轨</td><td rowspan="2">单重</td><td>1 905 kg</td></tr>
<tr><td>研线 1116-102(曲)</td><td>1 859 kg</td></tr>
<tr><td rowspan="2">尖轨图号</td><td>研线 1116-103(曲)</td><td rowspan="2">钢轨类型</td><td rowspan="2">60AT1 钢轨</td><td rowspan="2">单重</td><td>1 058 kg</td></tr>
<tr><td>研线 1116-104(直)</td><td>1 052 kg</td></tr>
<tr><td rowspan="6">辙叉及护轨
[研线 1116-200]</td><td>辙叉全长</td><td colspan="5">5 992mm</td></tr>
<tr><td rowspan="3">辙叉图号</td><td>研线 1116-201A</td><td rowspan="3">辙叉形式</td><td>镶嵌翼轨式合金钢组合辙叉</td><td rowspan="3">单重</td><td rowspan="3">1 491 kg</td></tr>
<tr><td>研线 1116-201B</td><td>焊接式翼轨加强型合金钢组合辙叉</td></tr>
<tr><td>研线 1116-201C</td><td>高锰钢组合辙叉</td></tr>
<tr><td rowspan="2">护轨图号</td><td>研线 1116-202(直)</td><td rowspan="2">钢轨类型</td><td rowspan="2">33 kg/m 槽型钢</td><td rowspan="2">单重</td><td rowspan="2">228 kg</td></tr>
<tr><td>研线 1116-203(侧)</td></tr>
<tr><td>岔枕
[研线 1116-400]</td><td>岔枕总数</td><td>89 根</td><td>岔枕延长</td><td colspan="3">297.64 m</td></tr>
<tr><td>金属件总重</td><td colspan="2">21 720 kg</td><td colspan="2">非金属件总体积</td><td colspan="2">318 253 cm^3</td></tr>
</table>

27. 50 kg/m 钢轨 18 号单开道岔(有砟)

设计图号:专线(01)4275

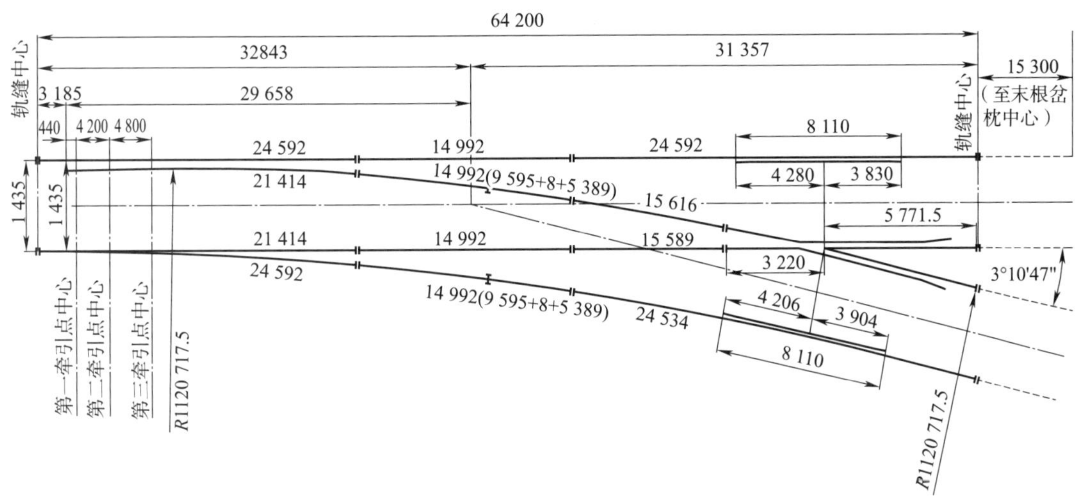

<table>
<tr><td colspan="2">道岔允许通过速度</td><td>$v_{直客}\leqslant 120$ km/h
$v_{直货}\leqslant 80$ km/h
$v_{侧}\leqslant 80$ km/h</td><td>扣件类型</td><td colspan="3">Ⅰ型弹条扣件</td></tr>
<tr><td colspan="2">锁闭形式</td><td>联动内锁闭</td><td>辙跟形式</td><td colspan="3">限位器</td></tr>
<tr><td colspan="2">动程</td><td colspan="5">尖轨:160 mm、120 mm、80 mm</td></tr>
<tr><td rowspan="4">转辙器
[专线(01)4275-Ⅱ]</td><td rowspan="2">基本轨图号</td><td>专线(01)4275-Ⅱ-4(直)</td><td rowspan="2">钢轨类型</td><td rowspan="2">50 kg/m 钢轨</td><td rowspan="2">单重</td><td rowspan="2">1 330 kg</td></tr>
<tr><td>专线(01)4275-Ⅱ-5(曲)</td></tr>
<tr><td rowspan="2">尖轨图号</td><td>专线(01)4275-Ⅱ-6(曲)</td><td rowspan="2">钢轨类型</td><td rowspan="2">50AT1 钢轨</td><td rowspan="2">单重</td><td rowspan="2">1 527 kg</td></tr>
<tr><td>专线(01)4275-Ⅱ-7(直)</td></tr>
<tr><td rowspan="4">辙叉及护轨
[专线(01)4275-Ⅲ]</td><td>辙叉全长</td><td colspan="5">8 991.5 mm</td></tr>
<tr><td>辙叉图号</td><td>专线(01)4275-Ⅲ-3</td><td>辙叉形式</td><td>高锰钢拼装辙叉</td><td>单重</td><td>1 800 kg</td></tr>
<tr><td>护轨图号</td><td>专线(01)4275-Ⅲ-8(直)</td><td>钢轨类型</td><td>43 kg/m 钢轨</td><td>单重</td><td>362 kg</td></tr>
<tr><td>护轨图号</td><td>专线(01)4275-Ⅲ-9(侧)</td><td>钢轨类型</td><td>43 kg/m 钢轨</td><td>单重</td><td>362 kg</td></tr>
<tr><td>岔枕
[专线(01)3425]</td><td>岔枕总数</td><td>142 根</td><td>岔枕延长</td><td colspan="3">459.3 m</td></tr>
<tr><td>金属件总重</td><td colspan="2">25 452 kg</td><td colspan="2">非金属件总体积</td><td colspan="2">378 430 cm^3</td></tr>
</table>

28. 60 kg/m 钢轨 18 号单开道岔(有砟)

设计图号:研线 1302

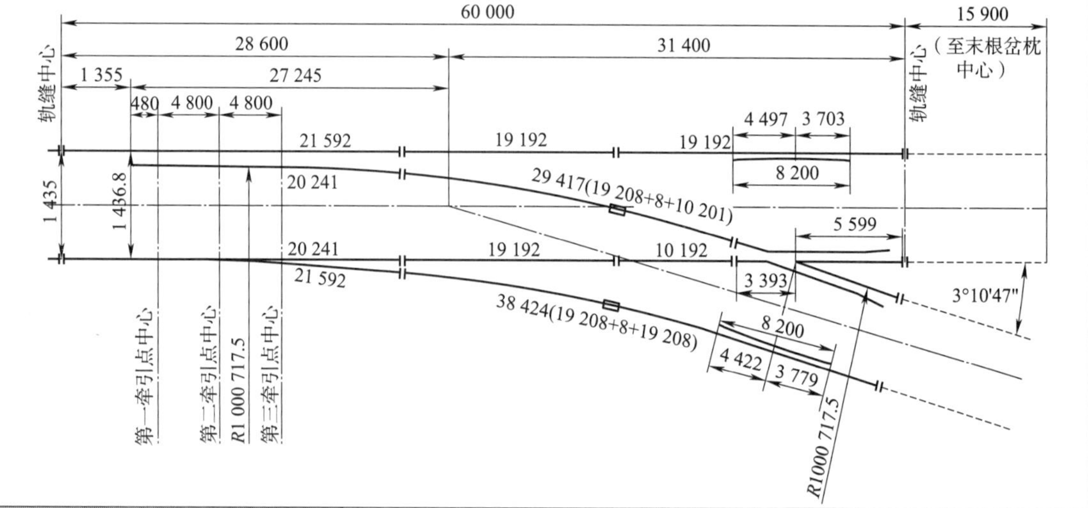

道岔允许通过速度		$v_{直客}$≤160 km/h $v_{直货}$≤100 km/h(27 t) $v_{直货}$≤120 km/h $v_{侧}$≤80 km/h	扣件类型	Ⅱ型弹条扣件		
锁闭形式		分动外锁闭	辙跟形式	限位器		
动程		尖轨:160 mm、115 mm、69 mm				
转辙器 [研线 1302-100]	基本轨图号	研线 1302-101(直)	钢轨类型	60 kg/m 钢轨	单重	1 415 kg
		研线 1302-102(曲)				1 415 kg
	尖轨图号	研线 1302-103(曲)	钢轨类型	60AT1 钢轨	单重	1 340 kg
		研线 1302-104(直)				1 340 kg
辙叉及护轨 [研线 1302-200]	辙叉全长	8 992 mm				
	辙叉图号	研线 1302-201A	辙叉形式	焊接式翼轨加强型合金钢组合辙叉	单重	1 948 kg
		研线 1302-201A		高锰钢组合辙叉		2 580 kg
		研线 1302-201C		镶嵌翼轨式合金钢组合辙叉		
	护轨图号	研线 1303-202(直)	钢轨类型	33 kg/m 槽型钢	单重	271 kg
		研线 1303-202(侧)				
岔枕 [研线 1303-300]	岔枕总数	136 根	岔枕延长	455.4 m		
金属件总重	29 462 kg		非金属件总体积	515 934 cm^3		

29. 75 kg/m 钢轨 18 号单开道岔(有砟)
设计图号:研线 1303

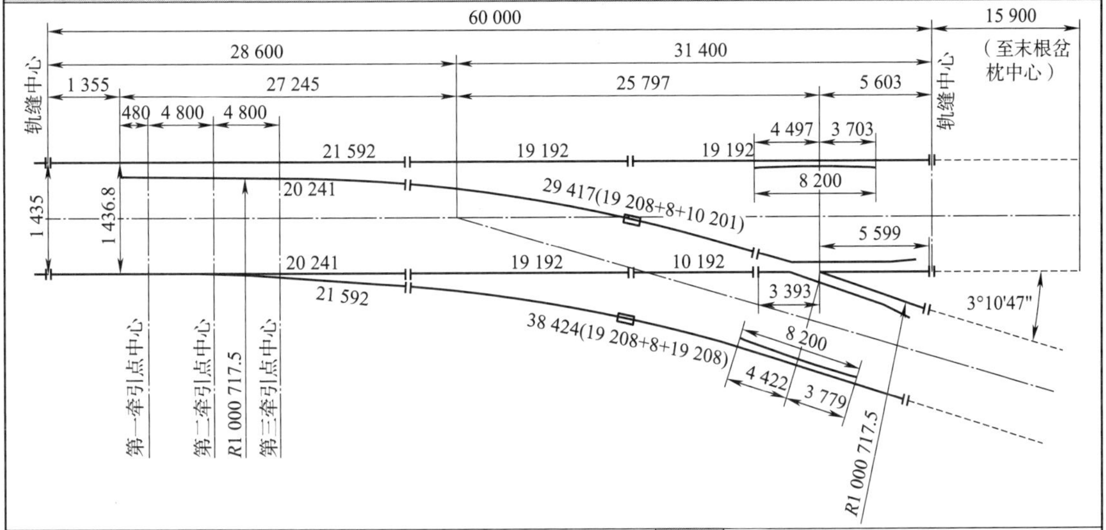

道岔允许通过速度		$v_{直客}\leqslant$120 km/h $v_{直货}\leqslant$100 km/h(27 t) $v_{直货}\leqslant$120 km/h $v_{侧}\leqslant$80 km/h	扣件类型	Ⅱ型弹条扣件		
锁闭形式		分动外锁闭	辙跟形式	限位器		
动程		尖轨:160 mm、115 mm、69 mm				
转辙器 [研线 1303-100]	基本轨图号	研线 1303-101(直)	钢轨类型	75 kg/m 钢轨	单重	1 729 kg
		研线 1303-102(曲)				1 729 kg
	尖轨图号	研线 1303-103(曲)	钢轨类型	60AT1 钢轨	单重	1 701 kg
		研线 1303-104(直)				1 701 kg
辙叉及护轨 [研线 1303-200]	辙叉全长	8 992mm				
	辙叉图号	研线 1303-201A	辙叉形式	焊接式翼轨加强型合金钢组合辙叉	单重	2 370 kg
		研线 1303-201B		高锰钢组合辙叉		
		研线 1303-201C		镶嵌翼轨式合金钢组合辙叉		
	护轨图号	研线 1303-202(直)	钢轨类型	33 kg/m 槽型钢	单重	241 kg
		研线 1303-202(侧)				
岔枕 [研线 1303-300]	岔枕总数	136 根	岔枕延长	455.4 m		
金属件总重		33 774 kg	非金属件总体积	540 424 cm^3		

30. 50 kg/m 钢轨 6 号对称道岔(有砟)
设计图号:SC384

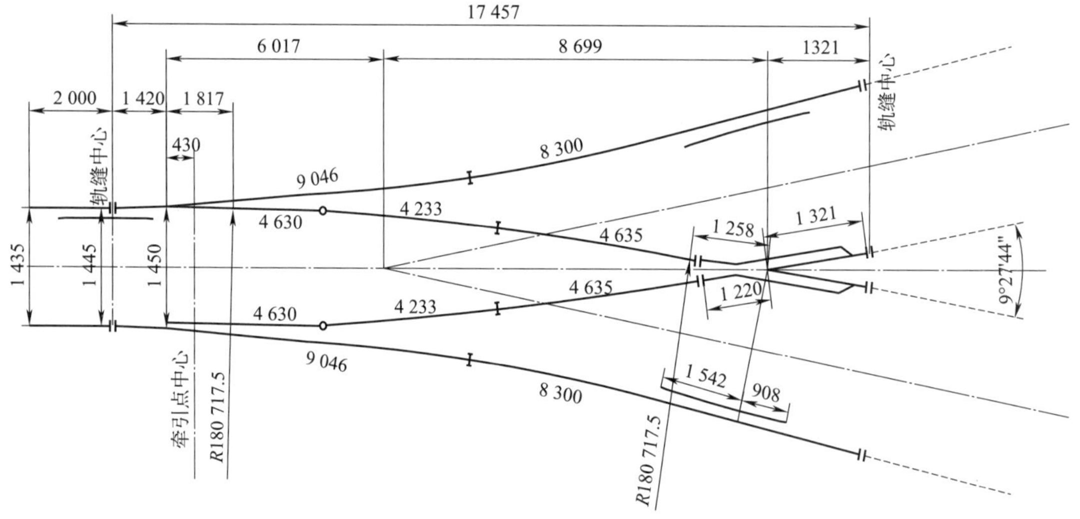

道岔允许通过速度		$v \leqslant 35$ km/h	扣件类型	Ⅱ型弹条扣件		
锁闭形式		联动内锁闭	辙跟形式	间隔铁式活接头		
动程		尖轨:152 mm				
转辙器[SC384-100]	基本轨图号	SC384-101	钢轨类型	50 kg/m 钢轨	单重	469 kg
	尖轨图号	SC384-102	钢轨类型	50AT1 钢轨	单重	328 kg
	迎轮护轨图号	SC384-119	钢轨类型	33 kg/m 槽型钢	单重	90 kg
辙叉及护轨[SC384-200]	辙叉全长	2 541 mm				
	辙叉图号	SC384-201	辙叉形式	高锰钢辙叉	单重	460 kg
	护轨图号	SC384-202	钢轨类型	33 kg/m 槽型钢	单重	80.6 kg
岔枕[SC384-500]	岔枕总数	45 根	岔枕延长	151.1 m		
金属件总重	8 237 kg		非金属件总体积	145 719 cm^3		

31. 60 kg/m 钢轨 6 号对称道岔(有砟)
设计图号:SC382

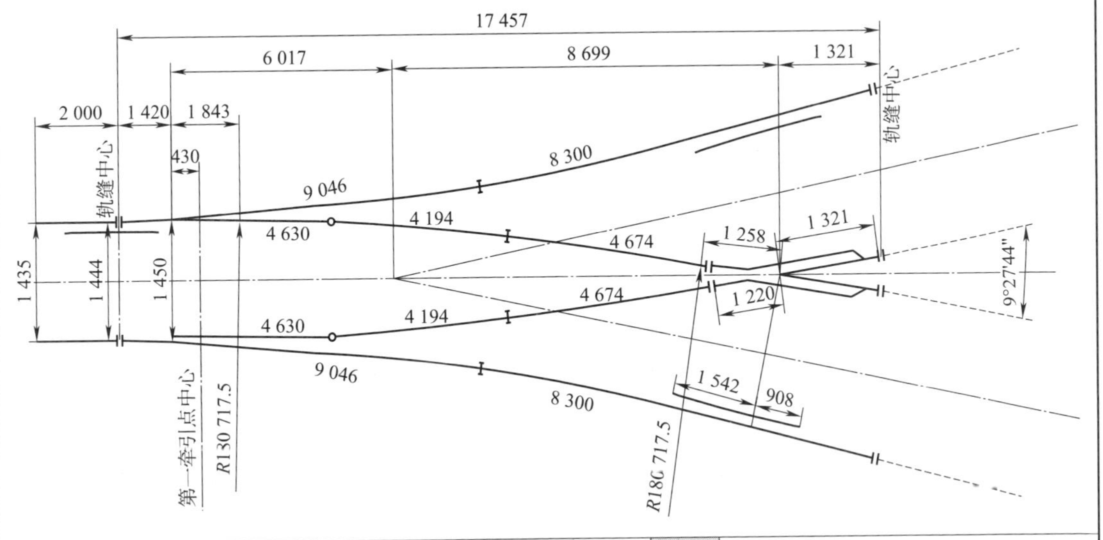

<table>
<tr><td colspan="2">道岔允许通过速度</td><td>$v \leqslant 35$ km/h</td><td>扣件类型</td><td colspan="3">Ⅱ型弹条扣件</td></tr>
<tr><td colspan="2">锁闭形式</td><td>联动内锁闭</td><td>辙跟形式</td><td colspan="3">间隔铁式活接头</td></tr>
<tr><td colspan="2">动程</td><td colspan="5">尖轨:152 mm</td></tr>
<tr><td rowspan="3">转辙器
[SC382-100]</td><td>基本轨图号</td><td>SC382-102</td><td>钢轨类型</td><td>60 kg/m 钢轨</td><td>单重</td><td>555 kg</td></tr>
<tr><td>尖轨图号</td><td>SC382-103</td><td>钢轨类型</td><td>60AT1 钢轨</td><td>单重</td><td>388 kg</td></tr>
<tr><td>迎轮护轨图号</td><td>SC384-119</td><td>钢轨类型</td><td>33 kg/m 槽型钢</td><td>单重</td><td>91 kg</td></tr>
<tr><td rowspan="3">辙叉及护轨
[SC382-200]</td><td>辙叉全长</td><td colspan="5">2 541 mm</td></tr>
<tr><td>辙叉图号</td><td>SC382-201</td><td>辙叉形式</td><td>高锰钢辙叉</td><td>单重</td><td>554 kg</td></tr>
<tr><td>护轨图号</td><td>SC384-202</td><td>钢轨类型</td><td>33 kg/m 槽型钢</td><td>单重</td><td>80.6 kg</td></tr>
<tr><td>岔枕
[SC(11)382-500]</td><td>岔枕总数</td><td>45 根</td><td>岔枕延长</td><td colspan="3">151.18 m</td></tr>
<tr><td>金属件总重</td><td colspan="2">10 062 kg</td><td colspan="2">非金属件总体积</td><td colspan="2">141 573 cm^3</td></tr>
</table>

32. 50 kg/m 钢轨 6 号对称道岔 5.0 m 间距交叉渡线(有砟)

设计图号:SC432

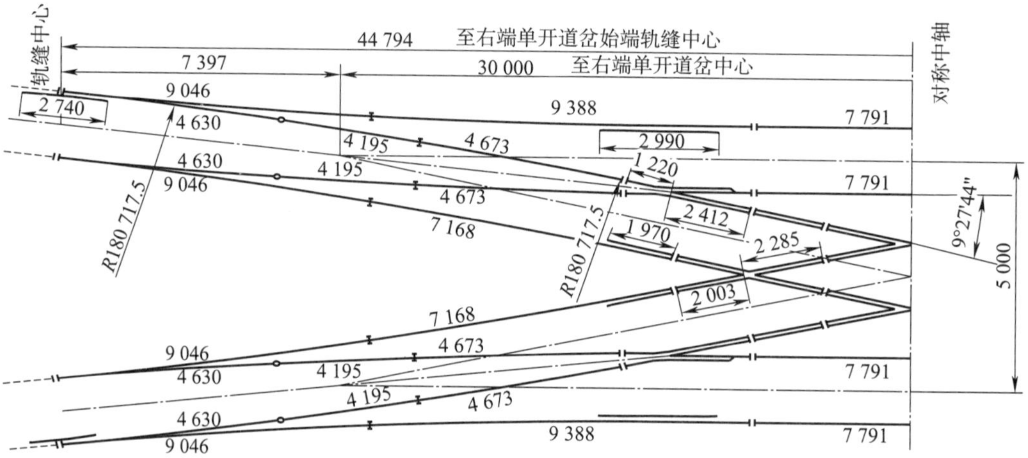

道岔允许通过速度		$v \leqslant 35$ km/h	扣件类型	Ⅱ型弹条扣件		
锁闭形式		联动内锁闭	辙跟形式	间隔铁式活接头		
转辙器 [SC384-100]	基本轨图号	SC384-101	钢轨类型	50 kg/m 钢轨	单重	466 kg
	尖轨图号	SC384-102	钢轨类型	50AT1 钢轨	单重	281 kg
	迎轮护轨图号	SC384-119	钢轨类型	33 kg/m 槽型钢	单重	90 kg
6 号 A(B)型辙叉及护轨 [SC432-100]	辙叉全长	3 632 mm				
	辙叉图号	SC432-102	辙叉形式	高锰钢整铸式	单重	710 kg
	护轨图号	SC432-103(直)	钢轨类型	33 kg/m 槽型钢	单重	99 kg
	护轨图号	SC432-104(侧)	钢轨类型	50 kg/m 钢轨	单重	102 kg
菱形交叉 [SC432-200]	辙叉全长	锐叉:4 288 mm 钝叉:4 288 mm				
	辙叉图号	SC432-201	辙叉形式	高锰钢整铸式	单重	880 kg
	整铸短轨图号	SC432-202	钢轨类型	整铸式	单重	240 kg
岔枕 [SC432-500]	岔枕总数	140 根	岔枕延长	508.1 m		
金属件总重		39 625 kg	非金属件总体积	$530\ 315\ cm^3$		

32. 50 kg/m 钢轨 6 号对称道岔 5.0 m 间距交叉渡线(有砟)
设计图号:SC432

平面型式示意图

序号	示意图	序号	示意图
01	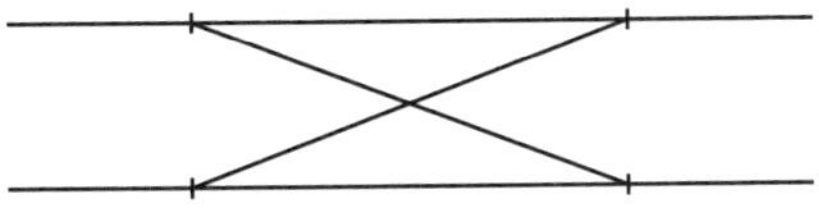	06	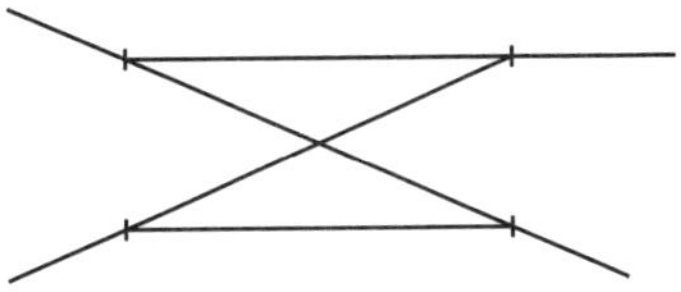
02	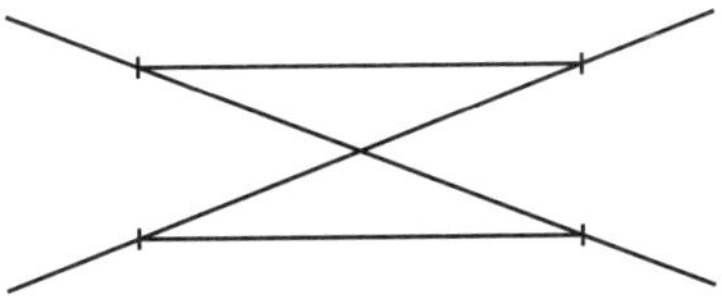	07	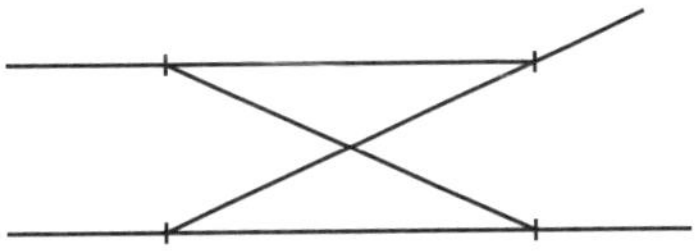
03	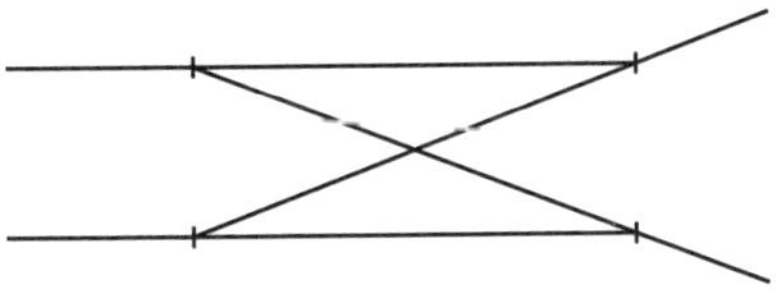	08	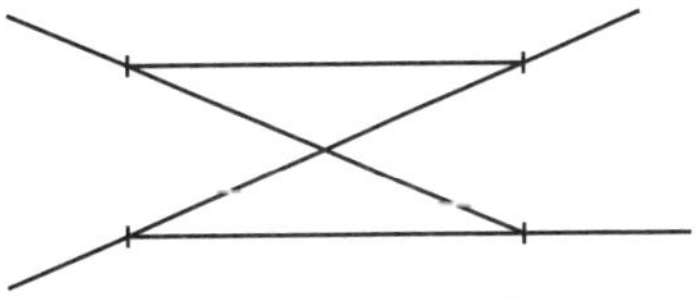
04	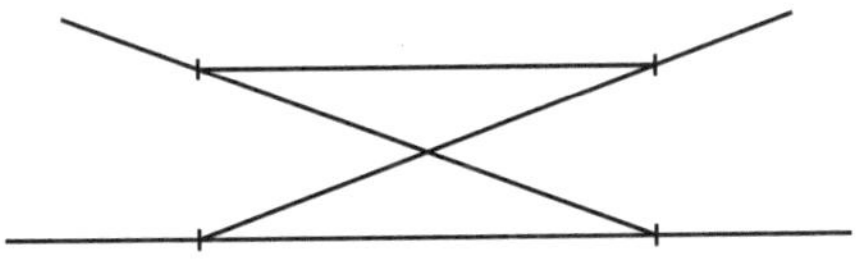	09	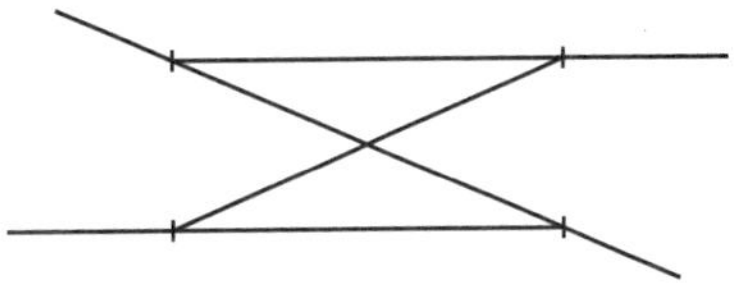
05	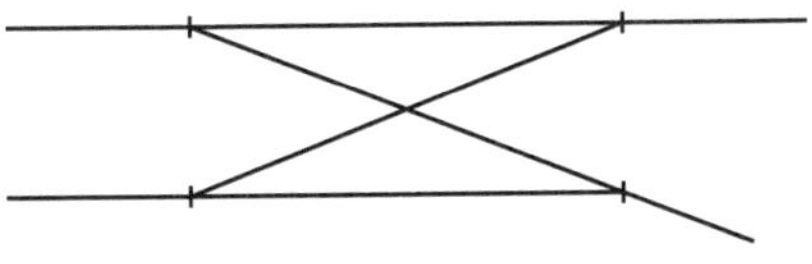	10	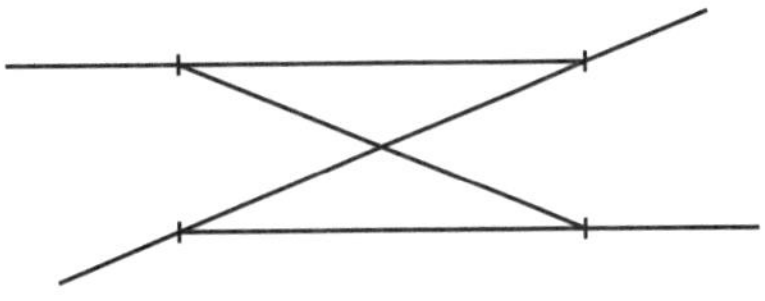

注:因各交叉渡线的平面型式示意图相同,故不再重复。

33. 50 kg/m 钢轨 9 号 5.0 m 间距交叉渡线(有砟)
设计图号:CZ2210

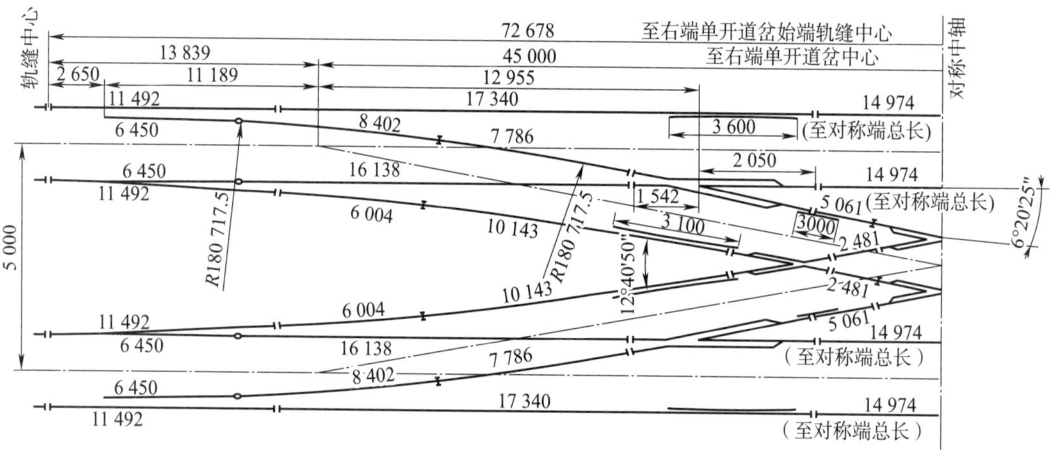

道岔允许通过速度		$v_{直客} \leqslant 100$ km/h $v_{直货} \leqslant 80$ km/h $v_{侧} \leqslant 35$ km/h	扣件类型	Ⅰ型弹条扣件		
锁闭形式		联动内锁闭	辙跟形式	间隔铁式活接头		
转辙器 [CB2212]	基本轨图号	CB2230-01(直) CB2230-02(曲)	钢轨类型	50 kg/m 钢轨	单重	599 kg
	尖轨图号	CB2230-03(左侧) CB2230-03(右侧)	钢轨类型	50AT1 钢轨	单重	458 kg
9 号 A(B)型辙叉及护轨 [CB2214]	辙叉全长	3 592 mm				
	辙叉图号	CB319-01	辙叉形式	高锰钢整铸式	单重	560 kg
	护轨图号	CB2213A-01(直)	钢轨类型	33 kg/m 槽型钢	单重	116 kg
	护轨图号	CB2214-01(侧)	钢轨类型	33 kg/m 槽型钢	单重	102 kg
4.5 号锐角辙叉及护轨 [CB2215]	辙叉全长	3 811mm				
	辙叉图号	CB2215-01	辙叉形式	高锰钢整铸式	单重	780 kg
	护轨图号	CB2215-02	钢轨类型	33 kg/m 槽型钢	单重	99 kg
4.5 号钝角辙叉 [CB2216]	辙叉全长	4 954 mm				
	辙叉图号	CB2216-01	辙叉形式	高锰钢整铸式	单重	1 180 kg
岔枕 [CZ2210Z]	岔枕总数	230 根	岔枕延长	787.2 m		
金属件总重	55 470 kg		非金属件总体积	758 974 cm^3		

34. 50 kg/m 钢轨 9 号 5.3 m 间距交叉渡线(有砟)

设计图号:CZ2211

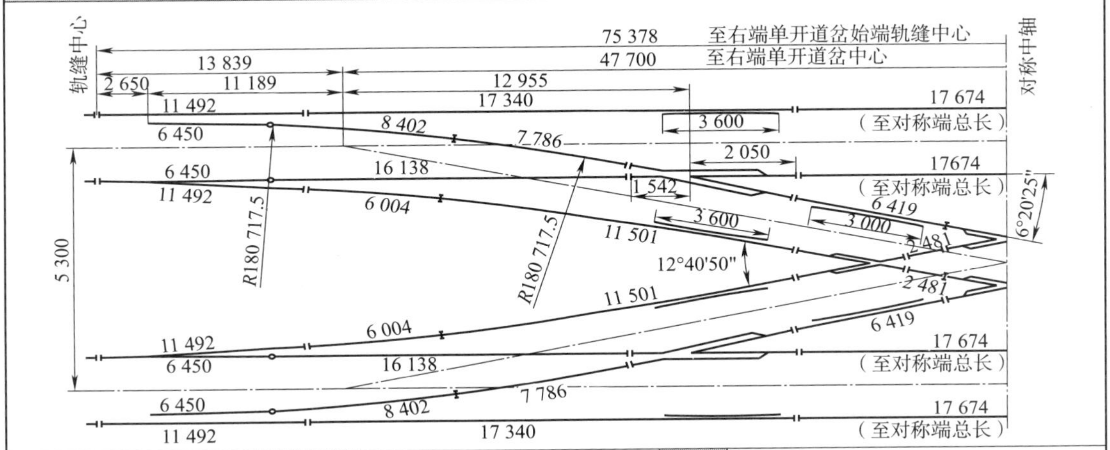

道岔允许通过速度		$v_{直客}\leqslant$100 km/h $v_{直货}\leqslant$80 km/h $v_{侧}\leqslant$35 km/h	扣件类型	Ⅰ型弹条扣件		
锁闭形式		联动内锁闭	辙跟形式	间隔铁式活接头		
转辙器[CB2212]	基本轨图号	CB2230-01(直) CB2230-02(曲)	钢轨类型	50 kg/m 钢轨	单重	599 kg
	尖轨图号	CB2230-03(左侧) CB2230-03(右侧)	钢轨类型	50AT1 钢轨	单重	458 kg
9 号 A(B)型辙叉及护轨[CB2256]	辙叉全长	3 592 mm				
	辙叉图号	CB319-01	辙叉形式	高锰钢整铸式	单重	560 kg
	护轨图号	CB2213A-01(直)	钢轨类型	33 kg/m 槽型钢	单重	116 kg
	护轨图号	CB2213A-02(侧)	钢轨类型	33 kg/m 槽型钢	单重	116 kg
4.5 号锐角辙叉及护轨[CB2257]	辙叉全长	3 811 mm				
	辙叉图号	CB2215-01	辙叉形式	高锰钢整铸式	单重	780 kg
	护轨图号	CB2257-01	钢轨类型	33 kg/m 槽型钢	单重	97 kg
4.5 号钝角辙叉[CB2216]	辙叉全长	4 954 mm				
	辙叉图号	CB2216-01	辙叉形式	高锰钢整铸式	单重	1 180 kg
岔枕[CZ2211Z]	岔枕总数	252 根	岔枕延长	843.4 m		
金属件总重		57 377 kg	非金属件总体积	770 463 cm^3		

35. 50 kg/m 钢轨 9 号 5.5 m 间距交叉渡线(有砟)
设计图号:CZ2212

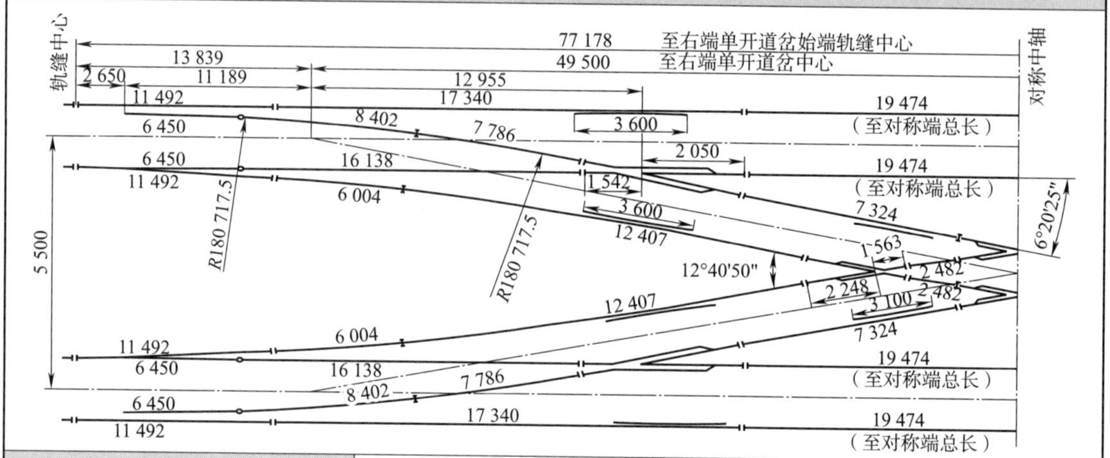

道岔允许通过速度		$v_{直客} \leq 100$ km/h $v_{直货} \leq 80$ km/h $v_{侧} \leq 35$ km/h	扣件类型	Ⅰ型弹条扣件		
锁闭形式		联动内锁闭	辙跟形式	间隔铁式活接头		
转辙器 [CB2212]	基本轨图号	CB2230-01(直) CB2230-02(曲)	钢轨类型	50 kg/m 钢轨	单重	599 kg
	尖轨图号	CB2230-03(左侧) CB2230-03(右侧)	钢轨类型	50AT1 钢轨	单重	458 kg
9 号 A(B)型辙叉及护轨 [CB2258]	辙叉全长	3 592 mm				
	辙叉图号	CB319-01	辙叉形式	高锰钢整铸式	单重	560 kg
	护轨图号	CB2213A-01(直)	钢轨类型	33 kg/m 槽型钢	单重	116 kg
	护轨图号	CB2213A-02(侧)	钢轨类型	33 kg/m 槽型钢	单重	116 kg
4.5 号锐角辙叉及护轨 [CB2259]	辙叉全长	3 811 mm				
	辙叉图号	CB2215-01	辙叉形式	高锰钢整铸式	单重	780 kg
	护轨图号	CB2259-01	钢轨类型	33 kg/m 槽型钢	单重	100 kg
4.5 号钝角辙叉 [CB2216]	辙叉全长	4 954 mm				
	辙叉图号	CB2216-01	辙叉形式	高锰钢整铸式	单重	1 180 kg
岔枕 [CZ2212Z]	岔枕总数	250 根	岔枕延长	865.4 m		
金属件总重	58 872 kg		非金属件总体积	744 472 cm^3		

36. 50 kg/m 钢轨 9 号 6.5 m 间距交叉渡线(有砟)

设计图号:CZ2213

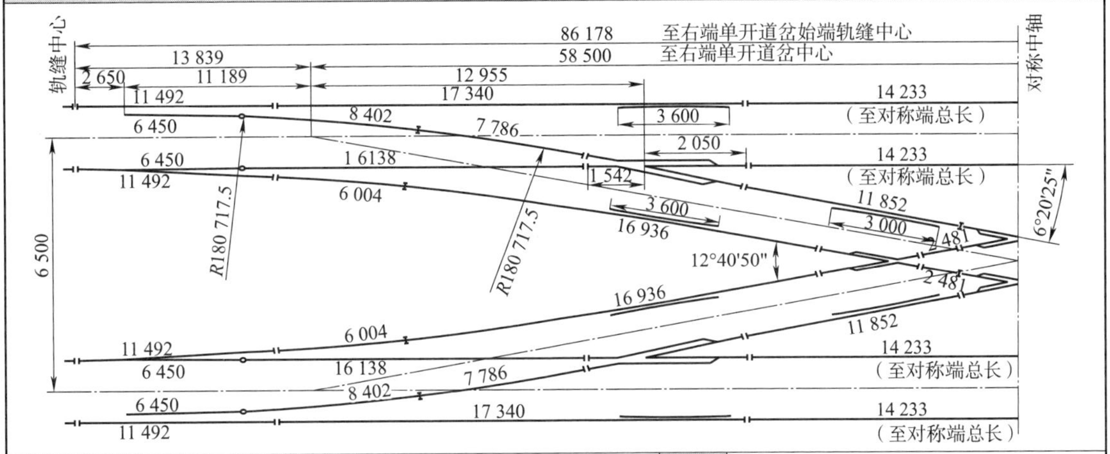

道岔允许通过速度		$v_{直客}\leqslant 100$ km/h $v_{直货}\leqslant 80$ km/h $v_{侧}\leqslant 35$ km/h	扣件类型	Ⅰ型弹条扣件		
锁闭形式		联动内锁闭	辙跟形式	间隔铁式活接头		
转辙器 [CB2212]	基本轨图号	CB2230-01(直) CB2230-02(曲)	钢轨类型	50 kg/m 钢轨	单重	599 kg
	尖轨图号	CB2230-03(左侧) CB2230-03(右侧)	钢轨类型	50AT1 钢轨	单重	458 kg
9 号 A(B)型辙叉及护轨 [CB2213A]	辙叉全长	3 592 mm				
	辙叉图号	CB319-01	辙叉形式	高锰钢整铸式	单重	560 kg
	护轨图号	CB2213A-01(直)	钢轨类型	33 kg/m 槽型钢	单重	116 kg
	护轨图号	CB2213A-02(侧)	钢轨类型	33 kg/m 槽型钢	单重	116 kg
4.5 号锐角辙叉及护轨 [CB2260]	辙叉全长	3 811 mm				
	辙叉图号	CB2215-01	辙叉形式	高锰钢整铸式	单重	780 kg
	护轨图号	CB2260-01	钢轨类型	33 kg/m 槽型钢	单重	97 kg
4.5 号钝角辙叉 [CB2216]	辙叉全长	4 954 mm				
	辙叉图号	CB2216-01	辙叉形式	高锰钢整铸式	单重	1180 kg
岔枕 [CZ2213Z]	岔枕总数	302 根	岔枕延长	1 007 m		
金属件总重		64 448 kg	非金属件总体积		883 629 cm^3	

37. 60 kg/m 钢轨 9 号 5.0 m 间距交叉渡线(有砟)

设计图号:CZ580

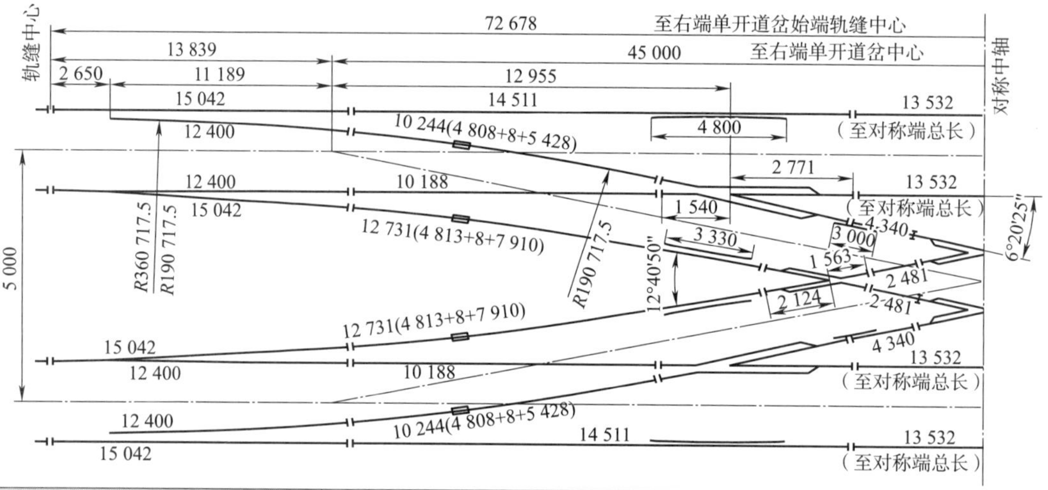

<table>
<tr><td colspan="2">道岔允许通过速度</td><td>$v_{直} \leqslant 120$ km/h
$v_{侧} \leqslant 35$ km/h</td><td>扣件类型</td><td colspan="3">Ⅱ型弹条扣件</td></tr>
<tr><td colspan="2">锁闭形式</td><td>联动内锁闭</td><td>辙跟形式</td><td colspan="3">限位器</td></tr>
<tr><td rowspan="4">转辙器
[CB684]</td><td rowspan="2">基本轨图号</td><td>CB684-01(直)</td><td rowspan="2">钢轨类型</td><td rowspan="2">60 kg/m 钢轨</td><td rowspan="2">单重</td><td>953 kg</td></tr>
<tr><td>CB684-02(曲)</td><td>950 kg</td></tr>
<tr><td rowspan="2">尖轨图号</td><td>CB684-03(曲)</td><td rowspan="2">钢轨类型</td><td rowspan="2">60AT1 钢轨</td><td rowspan="2">单重</td><td rowspan="2">1 065 kg</td></tr>
<tr><td>CB684-04(直)</td></tr>
<tr><td rowspan="4">9 号 A(B)型辙叉及护轨
[CB691H]</td><td>辙叉全长</td><td colspan="5">4 311 mm</td></tr>
<tr><td>辙叉图号</td><td>CB685-01</td><td>辙叉形式</td><td>高锰钢整铸式</td><td>单重</td><td>720 kg</td></tr>
<tr><td>护轨图号</td><td>CB691-02(直)</td><td>钢轨类型</td><td>33 kg/m 槽型钢</td><td>单重</td><td>158 kg</td></tr>
<tr><td>护轨图号</td><td>CB691-01(侧)</td><td>钢轨类型</td><td>33 kg/m 槽型钢</td><td>单重</td><td>108 kg</td></tr>
<tr><td rowspan="3">4.5 号锐角辙叉及护轨
[CB692]</td><td>辙叉全长</td><td colspan="5">3 687 mm</td></tr>
<tr><td>辙叉图号</td><td>CB692-01</td><td>辙叉形式</td><td>高锰钢整铸式</td><td>单重</td><td>890 kg</td></tr>
<tr><td>护轨图号</td><td>CB692-02</td><td>钢轨类型</td><td>33 kg/m 槽型钢</td><td>单重</td><td>97 kg</td></tr>
<tr><td rowspan="2">4.5 号钝角辙叉
[CB693]</td><td>辙叉全长</td><td colspan="5">4 954 mm</td></tr>
<tr><td>辙叉图号</td><td>CB693-01</td><td>辙叉形式</td><td>高锰钢整铸式</td><td>单重</td><td>1 180 kg</td></tr>
<tr><td>岔枕
[CZ580Z]</td><td>岔枕总数</td><td>234 根</td><td>岔枕延长</td><td colspan="3">804.48 m</td></tr>
<tr><td>金属件总重</td><td colspan="2">66 309 kg</td><td colspan="2">非金属件总体积</td><td colspan="2">733 935 cm³</td></tr>
</table>

38. 60 kg/m 钢轨 9 号 5.3 m 间距交叉渡线(有砟)
设计图号:CZ581

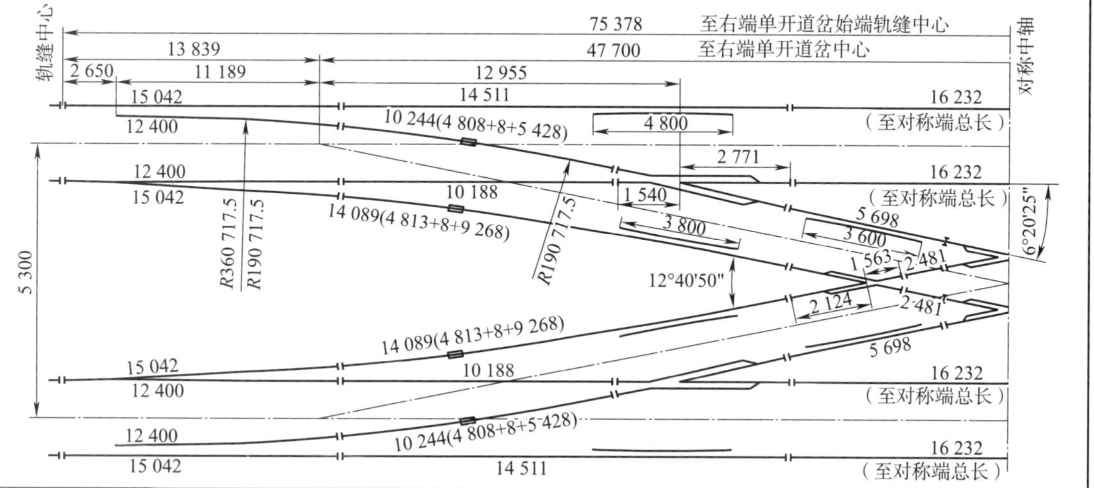

道岔允许通过速度		$v_{直}\leqslant$120 km/h $v_{侧}\leqslant$35 km/h	扣件类型	Ⅱ型弹条扣件		
锁闭形式		联动内锁闭	辙跟形式	限位器		
转辙器 [CB684]	基本轨图号	CB684-01(直)	钢轨类型	60 kg/m 钢轨	单重	953 kg
		CB684-02(曲)				950 kg
	尖轨图号	CB684-03(曲)	钢轨类型	60AT1 钢轨	单重	1 065 kg
		CB684-04(直)				
9 号 A(B)型 辙叉及护轨 [CB694H]	辙叉全长	4 311 mm				
	辙叉图号	CB685-01	辙叉形式	高锰钢整铸式	单重	720 kg
	护轨图号	CB691-02(直)	钢轨类型	33 kg/m 槽型钢	单重	158 kg
	护轨图号	CB685A-03(侧)	钢轨类型	33 kg/m 槽型钢	单重	123 kg
4.5 号锐角 辙叉及护轨 [CB695H]	辙叉全长	3 687 mm				
	辙叉图号	CB692-01	辙叉形式	高锰钢整铸式	单重	890 kg
	护轨图号	CB695-01	钢轨类型	33 kg/m 槽型钢	单重	116 kg
4.5 号钝角辙叉 [CB693]	辙叉全长	4 954 mm				
	辙叉图号	CB693-01	辙叉形式	高锰钢整铸式	单重	1 180 kg
岔枕 [CZ581Z]	岔枕总数	254 根	岔枕延长	845.68 m		
金属件总重		68 646 kg	非金属件总体积	761 668 cm^3		

39. 60 kg/m 钢轨 9 号 5.5 m 间距交叉渡线(有砟)
设计图号:CZ582

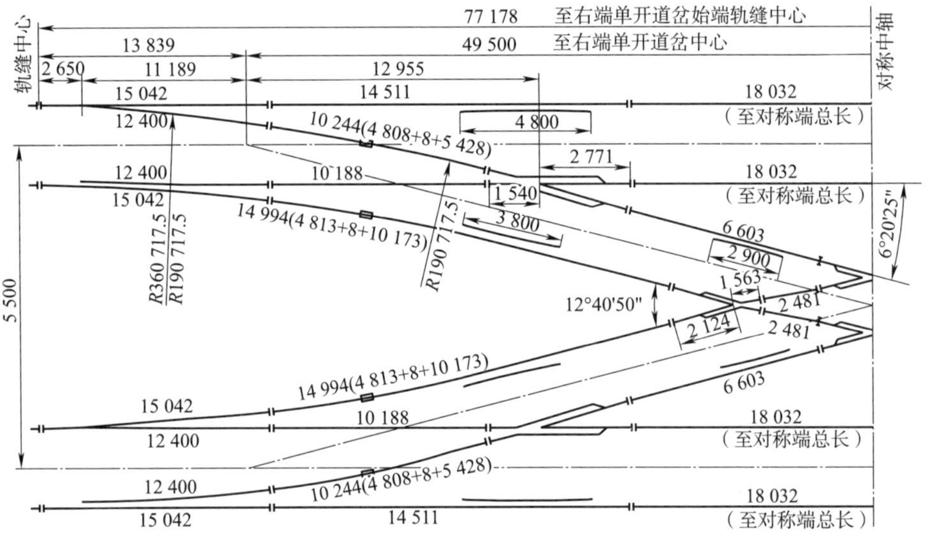

道岔允许通过速度		$v_{直} \leqslant 120$ km/h $v_{侧} \leqslant 35$ km/h	扣件类型	Ⅱ型弹条扣件		
锁闭形式		联动内锁闭	辙跟形式	限位器		
转辙器［CB684］	基本轨图号	CB684-01(直)	钢轨类型	60 kg/m 钢轨	单重	953 kg
		CB684-02(曲)				950 kg
	尖轨图号	CB684-03(曲) CB684-04(直)	钢轨类型	60AT1 钢轨	单重	1 065 kg
9 号 A(B)型辙叉及护轨［CB696H］	辙叉全长	4 311 mm				
	辙叉图号	CB685-01	辙叉形式	高锰钢整铸式	单重	720 kg
	护轨图号	CB691-02(直)	钢轨类型	33 kg/m 槽型钢	单重	158 kg
	护轨图号	CB685A-03(侧)	钢轨类型	33 kg/m 槽型钢	单重	123 kg
4.5 号锐角辙叉及护轨［CB697H］	辙叉全长	3 687 mm				
	辙叉图号	CB692-01	辙叉形式	高锰钢整铸式	单重	890 kg
	护轨图号	CB697-01	钢轨类型	33 kg/m 槽型钢	单重	94 kg
4.5 号钝角辙叉［CB693］	辙叉全长	4 954 mm				
	辙叉图号	CB693-01	辙叉形式	高锰钢整铸式	单重	1 180 kg
岔枕［CZ582Z］	岔枕总数	250 根	岔枕延长	885.88 m		
金属件总重		69 665 kg	非金属件总体积	796 631 cm^3		

40. 60 kg/m 钢轨 9 号 6.5 m 间距交叉渡线(有砟)
设计图号:CZ583

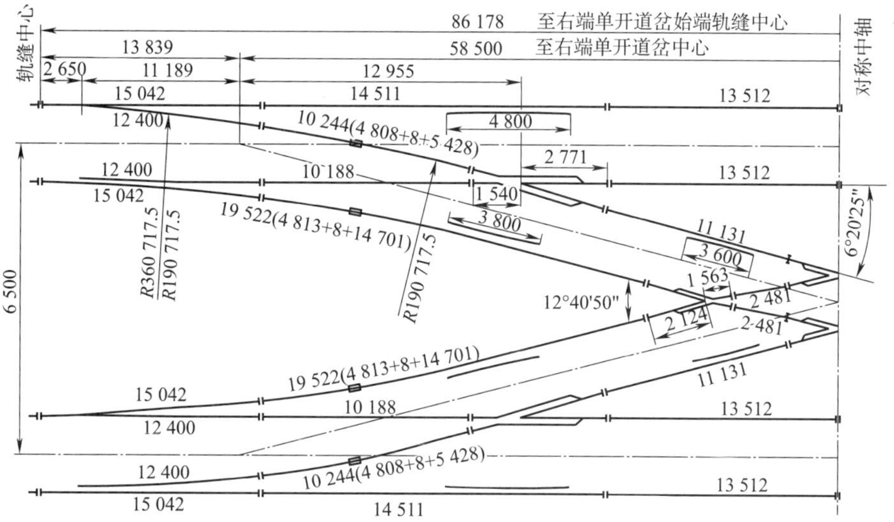

道岔允许通过速度		$v_{直}\leqslant$120 km/h $v_{侧}\leqslant$35 km/h	扣件类型	Ⅱ型弹条扣件		
锁闭形式		联动内锁闭	辙跟形式	限位器		
转辙器 [CB684]	基本轨图号	CB684-01(直)	钢轨类型	60 kg/m 钢轨	单重	953 kg
		CB684-02(曲)				950 kg
	尖轨图号	CB684-03(曲)	钢轨类型	60AT1 钢轨	单重	1 065 kg
		CB684-04(直)				
9 号 A(B)型辙叉及护轨 [CB3682]	辙叉全长	4 311 mm				
	辙叉图号	CB685-01	辙叉形式	高锰钢整铸式	单重	720 kg
	护轨图号	CB691-02(直)	钢轨类型	33 kg/m 槽型钢	单重	158 kg
	护轨图号	CB685A-03(侧)	钢轨类型	33 kg/m 槽型钢	单重	123 kg
4.5 号锐角辙叉及护轨 [CB698]	辙叉全长	3 687 mm				
	辙叉图号	CB692-01	辙叉形式	高锰钢整铸式	单重	890 kg
	护轨图号	CB695-01	钢轨类型	33 kg/m 槽型钢	单重	116 kg
4.5 号钝角辙叉 [CB693]	辙叉全长	4 954 mm				
	辙叉图号	CB963-01	辙叉形式	高锰钢整铸式	单重	1 180 kg
岔枕 [CZ583Z]	岔枕总数	302 根	岔枕延长	1 032.28 m		
金属件总重	78 824 kg		非金属件总体积	896 583 cm^3		

41. 50 kg/m 钢轨 12 号 5 m 间距交叉渡线(有砟)
设计图号:专线(01)7659

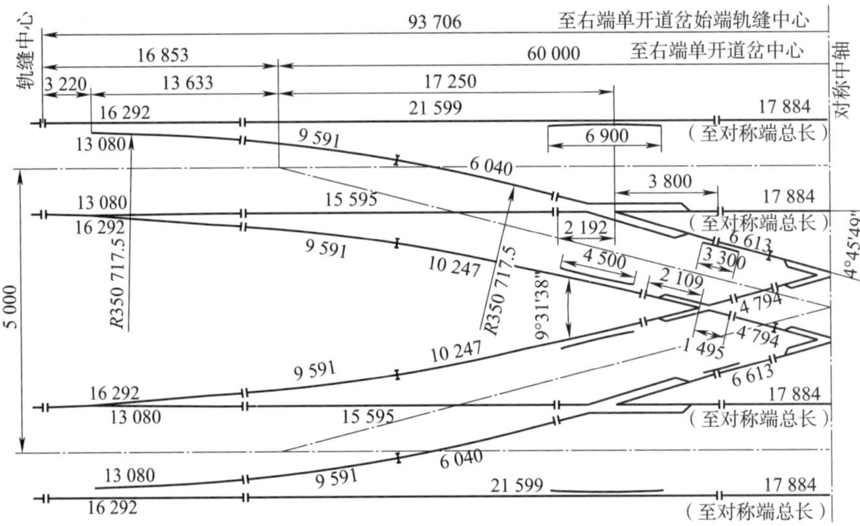

道岔允许通过速度		$v_{直客}$≤120 km/h $v_{直货}$≤80 km/h $v_{侧}$≤50 km/h	扣件类型	Ⅰ型弹条扣件		
锁闭形式		联动内锁闭	辙跟形式	限位器		
转辙器 [专线 4258]	基本轨图号	专线 4258-4(直)	钢轨类型	50 kg/m 钢轨	单重	875 kg
		专线 4258-5(曲)				
	尖轨图号	专线 4258-6(曲)	钢轨类型	50AT1 钢轨	单重	934 kg
		专线 4258-7(直)				934 kg
12 号 A(B)型辙叉及护轨 [专线(01)7659-Ⅱ]	辙叉全长	5 992 mm				
	辙叉图号	专线 4259-4	辙叉形式	高锰钢整铸式	单重	1 050 kg
	护轨图号	专线 4259-5(直)	钢轨类型	43 kg/m 钢轨	单重	308 kg
	护轨图号	专线(01)7659-Ⅱ-4(侧)	钢轨类型		单重	201 kg
6 号锐角辙叉及护轨 [专线(01)7659-Ⅲ]	辙叉全长	3 604 mm				
	辙叉图号	专线(01)7659-Ⅲ-4	辙叉形式	高锰钢整铸式	单重	645 kg
	护轨图号	专线(01)7659-Ⅲ-5	钢轨类型	43 kg/m 钢轨	单重	147 kg
6 号钝角辙叉 [专线(01)7659-Ⅳ]	辙叉全长	4 730 mm				
	辙叉图号	专线(01)7659-Ⅳ-3	辙叉形式	高锰钢整铸式	单重	1 020 kg
岔枕 [专线(01)3424]	岔枕总数	286 根	岔枕延长	1 011.6 m		
金属件总重		74 339 kg	非金属件总体积	883 497 cm^3		

42. 50 kg/m 钢轨 12 号 5.3 m 间距交叉渡线(有砟)

设计图号:专线(02)7660

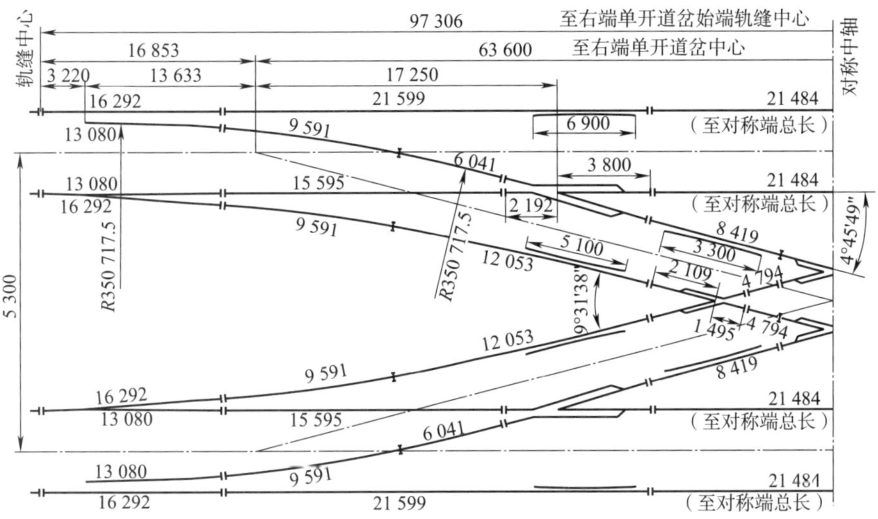

道岔允许通过速度		$v_{直客}$≤120 km/h $v_{直货}$≤80 km/h $v_{侧}$≤50 km/h	扣件类型	Ⅰ型弹条扣件		
锁闭形式		联动内锁闭	辙跟形式	限位器		
转辙器 [专线 4258]	基本轨图号	专线 4258-4(直) 专线 4258-5(曲)	钢轨类型	50 kg/m 钢轨	单重	875 kg
	尖轨图号	专线 4258-6(曲)	钢轨类型	50AT1 钢轨	单重	934 kg
		专线 4258-7(直)				934 kg
12 号 A(B)型 辙叉及护轨 [专线(02)7660-Ⅱ]	辙叉全长	5 992 mm				
	辙叉图号	专线 4259-4	辙叉形式	高锰钢整铸式	单重	1 050 kg
	护轨图号	专线 4259-5(直)	钢轨类型	43 kg/m 钢轨	单重	308 kg
	护轨图号	专线 4259-6(侧)	钢轨类型		单重	228 kg
6 号锐角 辙叉及护轨 [专线(02)7660-Ⅲ]	辙叉全长	3 604 mm				
	辙叉图号	专线(01)7659-Ⅲ-4	辙叉形式	高锰钢整铸式	单重	645 kg
	护轨图号	专线(02)7660-Ⅲ-4	钢轨类型	43 kg/m 钢轨	单重	147 kg
6 号钝角辙叉 [专线(01)7659-Ⅳ]	辙叉全长	4 730 mm				
	辙叉图号	专线(01)7659-Ⅳ-3	辙叉形式	高锰钢整铸式	单重	1 020 kg
岔枕 [专线(03)3433]	岔枕总数	312 根	岔枕延长	1 071.2 m		
金属件总重		75 598 kg	非金属件总体积	930 217 cm^3		

43. 50 kg/m 钢轨 12 号 5.5 m 间距交叉渡线(有砟)
设计图号:专线(02)7661

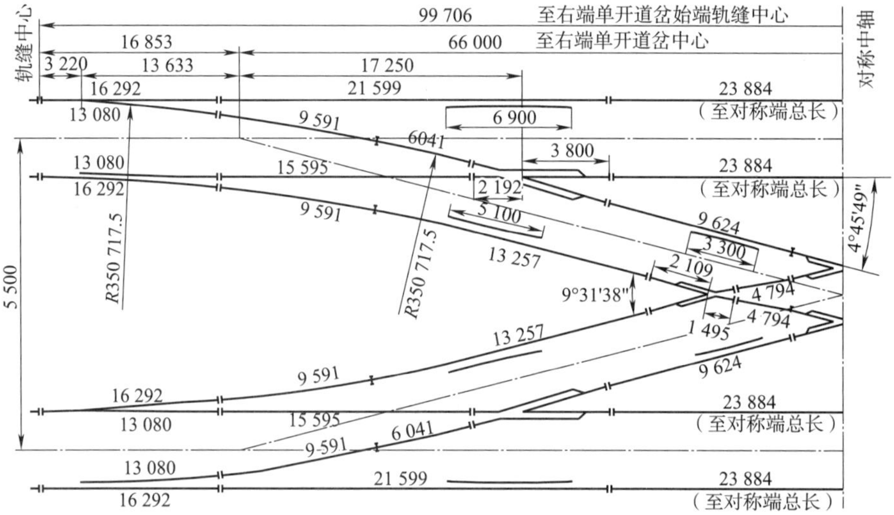

<table>
<tr><td colspan="2">道岔允许通过速度</td><td>$v_{直客}$≤120 km/h
$v_{直货}$≤80 km/h
$v_{侧}$≤50 km/h</td><td>扣件类型</td><td colspan="3">Ⅰ型弹条扣件</td></tr>
<tr><td colspan="2">锁闭形式</td><td>联动内锁闭</td><td>辙跟形式</td><td colspan="3">限位器</td></tr>
<tr><td rowspan="4">转辙器
[专线 4258]</td><td rowspan="2">基本轨图号</td><td>专线 4258-4(直)</td><td rowspan="2">钢轨类型</td><td rowspan="2">50 kg/m 钢轨</td><td rowspan="2">单重</td><td rowspan="2">875 kg</td></tr>
<tr><td>专线 4258-5(曲)</td></tr>
<tr><td rowspan="2">尖轨图号</td><td>专线 4258-6(曲)</td><td rowspan="2">钢轨类型</td><td rowspan="2">50AT1 钢轨</td><td rowspan="2">单重</td><td>934 kg</td></tr>
<tr><td>专线 4258-7(直)</td><td>934 kg</td></tr>
<tr><td rowspan="4">12 号 A(B)型
辙叉及护轨
[专线(02)7661-Ⅱ]</td><td>辙叉全长</td><td colspan="5">5 992 mm</td></tr>
<tr><td>辙叉图号</td><td>专线 4259-4</td><td>辙叉形式</td><td>高锰钢整铸式</td><td>单重</td><td>1 050 kg</td></tr>
<tr><td>护轨图号</td><td>专线 4259-5(直)</td><td>钢轨类型</td><td rowspan="2">43 kg/m 钢轨</td><td>单重</td><td>308 kg</td></tr>
<tr><td>护轨图号</td><td>专线 4259-6(侧)</td><td>钢轨类型</td><td>单重</td><td>228 kg</td></tr>
<tr><td rowspan="3">6 号锐角
辙叉及护轨
[专线(02)7661-Ⅲ]</td><td>辙叉全长</td><td colspan="5">3 604 mm</td></tr>
<tr><td>辙叉图号</td><td>专线(01)7659-Ⅲ-4</td><td>辙叉形式</td><td>高锰钢整铸式</td><td>单重</td><td>645 kg</td></tr>
<tr><td>护轨图号</td><td>专线(02)7660-Ⅲ-4</td><td>钢轨类型</td><td>43 kg/m 钢轨</td><td>单重</td><td>147 kg</td></tr>
<tr><td rowspan="2">6 号钝角辙叉
[专线(01)7659-Ⅳ]</td><td>辙叉全长</td><td colspan="5">4 730 mm</td></tr>
<tr><td>辙叉图号</td><td>专线(01)7659-Ⅳ-3</td><td>辙叉形式</td><td>高锰钢整铸式</td><td>单重</td><td>1 020 kg</td></tr>
<tr><td>岔枕
[专线(03)3434]</td><td>岔枕总数</td><td>328 根</td><td>岔枕延长</td><td colspan="3">1 110.8 m</td></tr>
<tr><td>金属件总重</td><td colspan="2">77 255 kg</td><td colspan="2">非金属件总体积</td><td colspan="2">963 865 cm^3</td></tr>
</table>

44. 50 kg/m 钢轨 12 号 6.5 m 间距交叉渡线(有砟)
设计图号:专线(02)7662

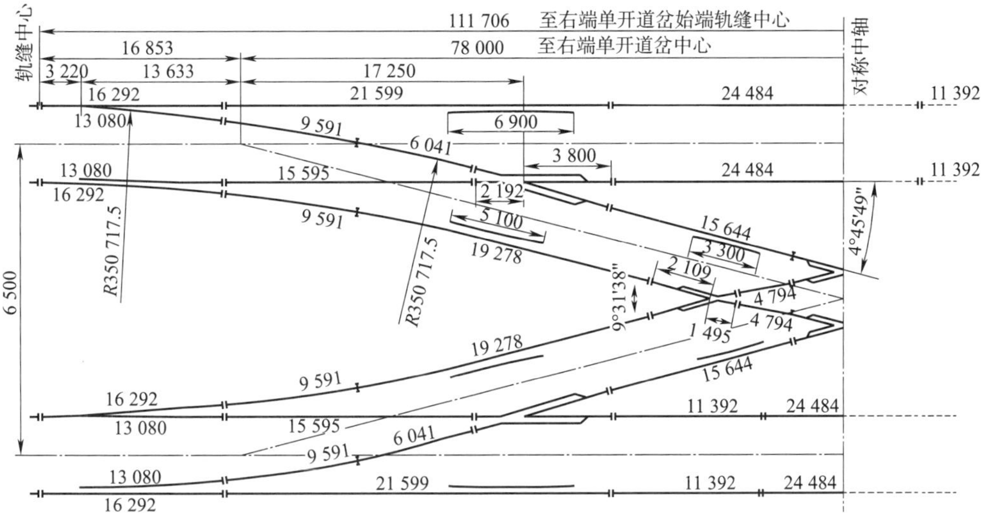

道岔允许通过速度		$v_{直客}\leqslant 120$ km/h $v_{直货}\leqslant 80$ km/h $v_{侧}\leqslant 50$ km/h	扣件类型	Ⅰ型弹条扣件		
锁闭形式		联动内锁闭	辙跟形式	限位器		
转辙器 [专线 4258]	基本轨图号	专线 4258-4(直)	钢轨类型	50 kg/m 钢轨	单重	875 kg
		专线 4258-5(曲)				
	尖轨图号	专线 4258-6(曲)	钢轨类型	50AT1 钢轨	单重	934 kg
		专线 4258-7(直)				934 kg
12 号 A(B)型辙叉及护轨 [专线 4259]	辙叉全长	5 992 mm				
	辙叉图号	专线 4259-4	辙叉形式	高锰钢整铸式	单重	1 050 kg
	护轨图号	专线 4259-5(直)	钢轨类型	43 kg/m 钢轨	单重	308 kg
	护轨图号	专线 4259-6(侧)	钢轨类型		单重	228 kg
6 号锐角辙叉及护轨 [专线(02)7662-Ⅱ]	辙叉全长	3 604 mm				
	辙叉图号	专线(01)7659-Ⅲ-4	辙叉形式	高锰钢整铸式	单重	645 kg
	护轨图号	专线(02)7660-Ⅲ-4	钢轨类型	43 kg/m 钢轨	单重	147 kg
6 号钝角辙叉 [专线(01)7659-Ⅳ]	辙叉全长	4 730 mm				
	辙叉图号	专线(01)7659-Ⅳ-3	辙叉形式	高锰钢整铸式	单重	1 020 kg
岔枕 [专线(03)3435]	岔枕总数	408 根	岔枕延长	1 308.8 m		
金属件总重		87 970 kg	非金属件总体积	1 091 828 cm³		

45. 60 kg/m 钢轨 12 号 5 m 间距交叉渡线(有砟)
设计图号:SC(07)340

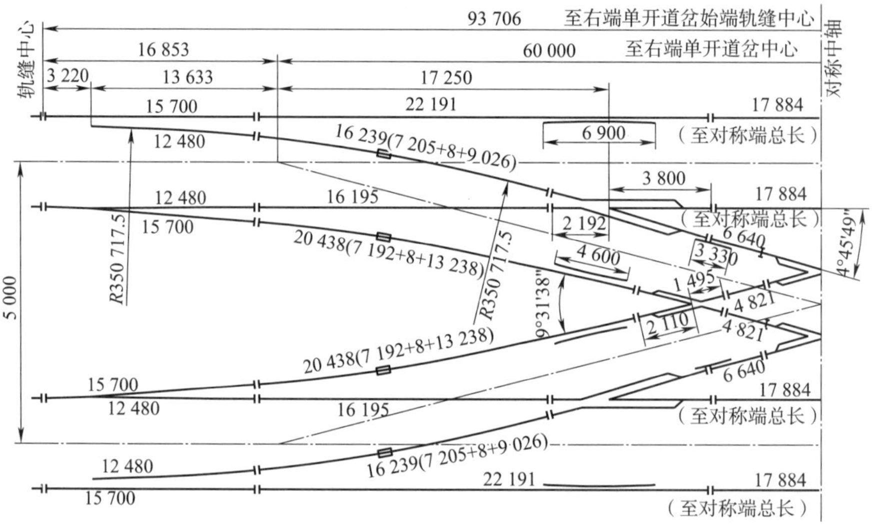

道岔允许通过速度		$v_{直客}\leqslant$120 km/h $v_{直货}\leqslant$90 km/h(23 t) $v_{侧}\leqslant$50 km/h	扣件类型	Ⅱ型弹条扣件		
锁闭形式		联动内锁闭	辙跟形式	限位器、间隔铁		
转辙器 [SC(07)330-100]	基本轨图号	SC(07)330-102(直)	钢轨类型	60 kg/m 钢轨	单重	985.9 kg
		SC(07)330-103(曲)				988 kg
	尖轨图号	SC(07)330-104(曲)	钢轨类型	60AT1 钢轨	单重	1 070 kg
		SC(07)330-105(直)				1 070 kg
12 号 A(B)型 辙叉及护轨 [SC(07)340-200]	辙叉全长	5 992 mm				
	辙叉图号	SC330-202	辙叉形式	高锰钢整铸式	单重	1 200 kg
	护轨图号	SC330C-203(直)	钢轨类型	33 kg/m 槽型钢	单重	223 kg
	护轨图号	SC(07)340-202(侧)	钢轨类型	33 kg/m 槽型钢	单重	149 kg
6 号锐角 辙叉及护轨 [SC(07)340-300]	辙叉全长	3 605 mm				
	辙叉图号	SC340-302	辙叉形式	高锰钢整铸式	单重	800 kg
	护轨图号	SC(07)340-303	钢轨类型	33 kg/m 槽型钢	单重	108 kg
6 号钝角辙叉 [SC340-400].	辙叉全长	4 676 mm				
	辙叉图号	SC340-401	辙叉形式	高锰钢整铸式	单重	1 200 kg
岔枕 [SC340-500]	岔枕总数	276 根	岔枕延长	1 007.08 m		
金属件总重	83 087 kg		非金属件总体积	938 728 cm^3		

46. 60 kg/m 钢轨 12 号 5.3 m 间距交叉渡线(有砟)

设计图号:SC(07)341

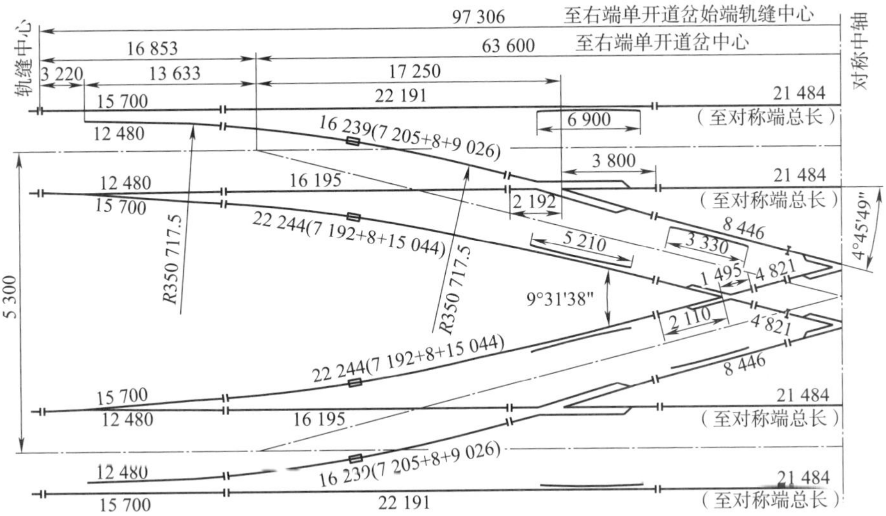

<table>
<tr><td colspan="2">道岔允许通过速度</td><td>$v_{直客}\leqslant$120 km/h
$v_{直货}\leqslant$90 km/h(23 t)
$v_{侧}\leqslant$50 km/h</td><td>扣件类型</td><td colspan="3">Ⅱ型弹条扣件</td></tr>
<tr><td colspan="2">锁闭形式</td><td>联动内锁闭</td><td>辙跟形式</td><td colspan="3">限位器、间隔铁</td></tr>
<tr><td rowspan="4">转辙器
[SC(07)330-100]</td><td rowspan="2">基本轨图号</td><td>SC(07)330-102(直)</td><td rowspan="2">钢轨类型</td><td rowspan="2">60 kg/m 钢轨</td><td rowspan="2">单重</td><td>985.9 kg</td></tr>
<tr><td>SC(07)330-103(曲)</td><td>988 kg</td></tr>
<tr><td rowspan="2">尖轨图号</td><td>SC(07)330-104(曲)</td><td rowspan="2">钢轨类型</td><td rowspan="2">60AT1 钢轨</td><td rowspan="2">单重</td><td>1 070 kg</td></tr>
<tr><td>SC(07)330-105(直)</td><td>1 070 kg</td></tr>
<tr><td rowspan="4">12 号 A(B)型辙叉及护轨
[SC(07)341-200]</td><td>辙叉全长</td><td colspan="5">5 992 mm</td></tr>
<tr><td>辙叉图号</td><td>SC330-202</td><td>辙叉形式</td><td>高锰钢整铸式</td><td>单重</td><td>1 200 kg</td></tr>
<tr><td>护轨图号</td><td>SC330C-203(直)</td><td>钢轨类型</td><td>33 kg/m 槽型钢</td><td>单重</td><td>223 kg</td></tr>
<tr><td>护轨图号</td><td>SC330C-204(侧)</td><td>钢轨类型</td><td>33 kg/m 槽型钢</td><td>单重</td><td>168 kg</td></tr>
<tr><td rowspan="3">6 号锐角辙叉及护轨
[SC(07)341-300]</td><td>辙叉全长</td><td colspan="5">3 605 mm</td></tr>
<tr><td>辙叉图号</td><td>SC340-302</td><td>辙叉形式</td><td>高锰钢整铸式</td><td>单重</td><td>800 kg</td></tr>
<tr><td>护轨图号</td><td>SC(07)340-303</td><td>钢轨类型</td><td>33 kg/m 槽型钢</td><td>单重</td><td>108 kg</td></tr>
<tr><td rowspan="2">6 号钝角辙叉
[SC340-400]</td><td>辙叉全长</td><td colspan="5">4 676 mm</td></tr>
<tr><td>辙叉图号</td><td>SC340-401</td><td>辙叉形式</td><td>高锰钢整铸式</td><td>单重</td><td>1 200 kg</td></tr>
<tr><td>岔枕
[SC341-500]</td><td>岔枕总数</td><td>302 根</td><td>岔枕延长</td><td colspan="3">1 068.28 m</td></tr>
<tr><td>金属件总重</td><td colspan="2">85 286 kg</td><td colspan="2">非金属件总体积</td><td colspan="2">963 256 cm^3</td></tr>
</table>

47. 60 kg/m 钢轨 12 号 5.5 m 间距交叉渡线(有砟)

设计图号:SC(07)342

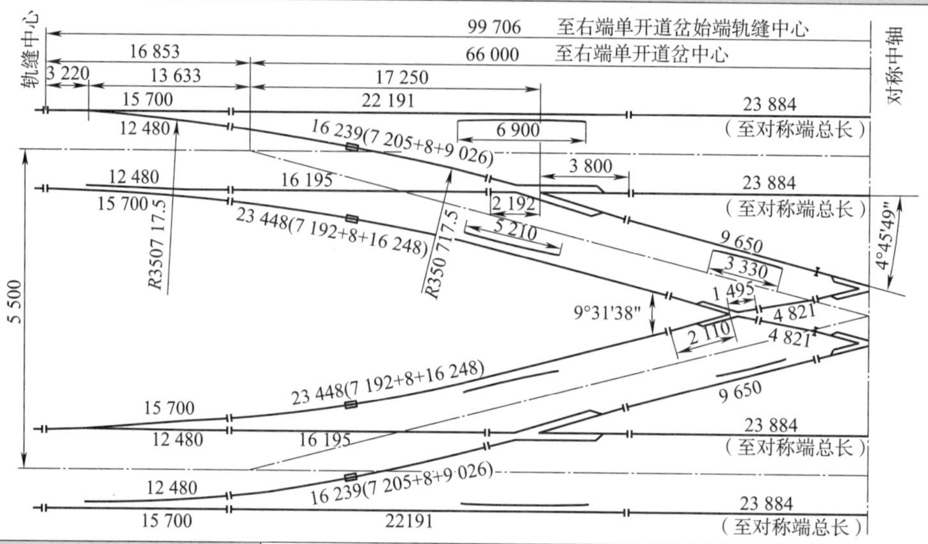

道岔允许通过速度		$v_{直客}\leqslant 120$ km/h $v_{直货}\leqslant 90$ km/h(23 t) $v_{侧}\leqslant 50$ km/h	扣件类型	Ⅱ型弹条扣件		
锁闭形式		联动内锁闭	辙跟形式	限位器、间隔铁		
转辙器[SC(07)330-100]	基本轨图号	SC(07)330-102(直)	钢轨类型	60 kg/m 钢轨	单重	985.9 kg
		SC(07)330-103(曲)				988 kg
	尖轨图号	SC(07)330-104(曲)	钢轨类型	60AT1 钢轨	单重	1 070 kg
		SC(07)330-105(直)				1 070 kg
12 号 A(B)型辙叉及护轨[SC(07)342-200]	辙叉全长	5 992 mm				
	辙叉图号	SC330-202	辙叉形式	高锰钢整铸式	单重	1 200 kg
	护轨图号	SC330C-203(直)	钢轨类型	33 kg/m 槽型钢	单重	223 kg
	护轨图号	SC330C-204(侧)	钢轨类型	33 kg/m 槽型钢	单重	168 kg
6 号锐角辙叉及护轨[SC(07)342-300]	辙叉全长	3 605 mm				
	辙叉图号	SC340-302	辙叉形式	高锰钢整铸式	单重	800 kg
	护轨图号	SC(07)340-303	钢轨类型	33 kg/m 槽型钢	单重	108 kg
6 号钝角辙叉[SC340-400]	辙叉全长	4 676 mm				
	辙叉图号	SC340-401	辙叉形式	高锰钢整铸式	单重	1 200 kg
岔枕[SC342-500]	岔枕总数	318 根	岔枕延长	1 108.88 m		
金属件总重		87 863 kg	非金属件总体积	1 008 154 cm^3		

48. 60 kg/m 钢轨 12 号 6.5 m 间距交叉渡线(有砟)
设计图号:SC(07)343

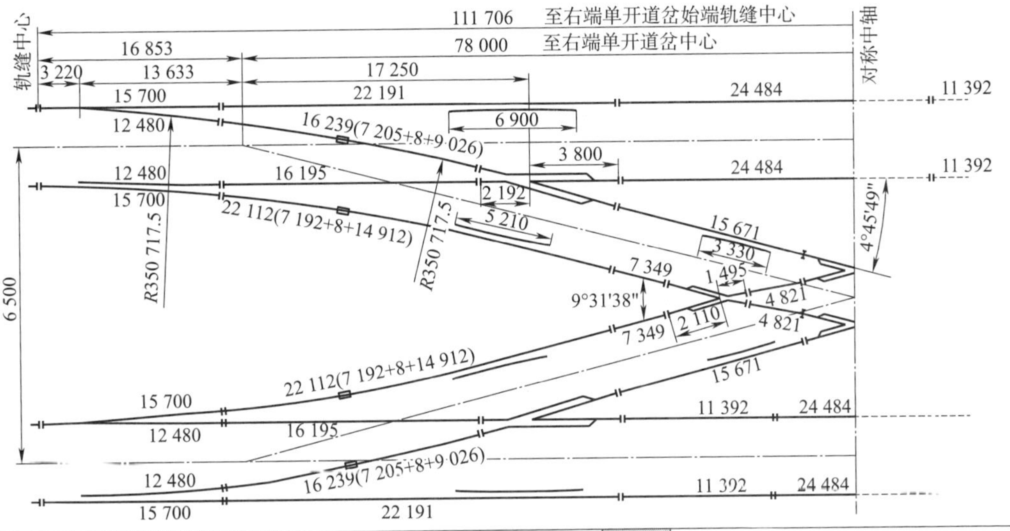

<table>
<tr><td colspan="2">道岔允许通过速度</td><td>$v_{直客}\leqslant$120 km/h
$v_{直货}\leqslant$90 km/h(23 t)
$v_{侧}\leqslant$50 km/h</td><td>扣件类型</td><td colspan="3">Ⅱ型弹条扣件</td></tr>
<tr><td colspan="2">锁闭形式</td><td>联动内锁闭</td><td>辙跟形式</td><td colspan="3">限位器、间隔铁</td></tr>
<tr><td rowspan="4">转辙器
[SC(07)330-100]</td><td rowspan="2">基本轨图号</td><td>SC(07)330-102(直)</td><td rowspan="2">钢轨类型</td><td rowspan="2">60 kg/m 钢轨</td><td rowspan="2">单重</td><td>985.9 kg</td></tr>
<tr><td>SC(07)330-103(曲)</td><td>988 kg</td></tr>
<tr><td rowspan="2">尖轨图号</td><td>SC(07)330-104(曲)</td><td rowspan="2">钢轨类型</td><td rowspan="2">60AT1 钢轨</td><td rowspan="2">单重</td><td>1 070 kg</td></tr>
<tr><td>SC(07)330-105(直)</td><td>1 070 kg</td></tr>
<tr><td rowspan="4">12 号 A(B)型
辙叉及护轨
[SC(07)330-200]</td><td>辙叉全长</td><td colspan="5">5 992 mm</td></tr>
<tr><td>辙叉图号</td><td>SC330-202</td><td>辙叉形式</td><td>高锰钢整铸式</td><td>单重</td><td>1 200 kg</td></tr>
<tr><td>护轨图号</td><td>SC330C-203(直)</td><td>钢轨类型</td><td>33 kg/m 槽型钢</td><td>单重</td><td>223 kg</td></tr>
<tr><td>护轨图号</td><td>SC330C-204(侧)</td><td>钢轨类型</td><td>33 kg/m 槽型钢</td><td>单重</td><td>168 kg</td></tr>
<tr><td rowspan="3">6 号锐角
辙叉及护轨
[SC(07)343-300]</td><td>辙叉全长</td><td colspan="5">3 605 mm</td></tr>
<tr><td>辙叉图号</td><td>SC340-302</td><td>辙叉形式</td><td>高锰钢整铸式</td><td>单重</td><td>800 kg</td></tr>
<tr><td>护轨图号</td><td>SC(07)340-303</td><td>钢轨类型</td><td>33 kg/m 槽型钢</td><td>单重</td><td>108 kg</td></tr>
<tr><td rowspan="2">6 号钝角辙叉
[SC340-400]</td><td>辙叉全长</td><td colspan="5">4 676 mm</td></tr>
<tr><td>辙叉图号</td><td>SC340-401</td><td>辙叉形式</td><td>高锰钢整铸式</td><td>单重</td><td>1 200 kg</td></tr>
<tr><td>岔枕
[SC343-500]</td><td>岔枕总数</td><td>398 根</td><td>岔枕延长</td><td colspan="3">1 312.88 m</td></tr>
<tr><td>金属件总重</td><td colspan="2">96 731 kg</td><td colspan="2">非金属件总体积</td><td colspan="2">1 153 132 cm^3</td></tr>
</table>

49. 60 kg/m 钢轨 12 号 5.0 m 间距交叉渡线(有砟)
设计图号:专线 7623

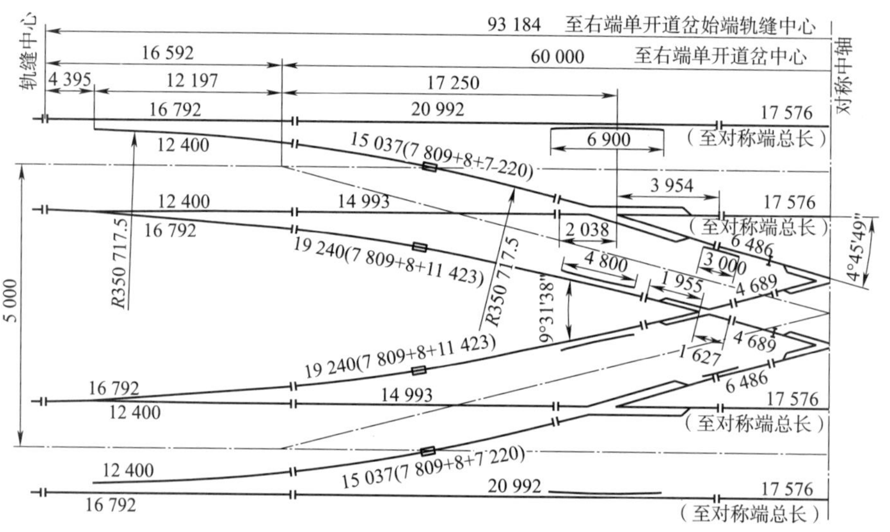

道岔允许通过速度		$v_{直}\leqslant 160$ km/h $v_{侧}\leqslant 50$ km/h	扣件类型	Ⅱ型弹条扣件		
锁闭形式		分动外锁闭	辙跟形式	限位器		
转辙器 [专线 4250]	基本轨图号	专线 4250-5(直) 专线 4250-6(曲)	钢轨类型	60 kg/m 钢轨	单重	1 060 kg
	尖轨图号	专线 4250-7(曲) 专线 4250-8(直)	钢轨类型	60AT1 钢轨	单重	1 050 kg
12 号 A(B)型辙叉及护轨 [专线 7624]	辙叉全长	5 992 mm				
	辙叉图号	专线 4251-4	辙叉形式	高锰钢整铸式	单重	1 200 kg
	护轨图号	专线 4251-5(直)	钢轨类型	50 kg/m 钢轨	单重	355 kg
	护轨图号	专线 4251-6(侧)	钢轨类型	50 kg/m 钢轨	单重	247 kg
6 号锐角辙叉及护轨 [专线 7625]	辙叉全长	3 582 mm				
	辙叉图号	专线 7625-4	辙叉形式	高锰钢整铸式	单重	770 kg
	护轨图号	专线 7625-5	钢轨类型	50 kg/m 钢轨	单重	155 kg
6 号钝角辙叉 [专线 7626]	辙叉全长	4 676 mm				
	辙叉图号	专线 7626-3	辙叉形式	高锰钢整铸式	单重	1 200 kg
岔枕 [专线 3402]	岔枕总数	274 根	岔枕延长	1 014.6 m		
金属件总重	84 277 kg		非金属件总体积	873 328 cm^3		

50. 60 kg/m 钢轨 12 号 5.3 m 间距交叉渡线(有砟)
设计图号:专线 7628

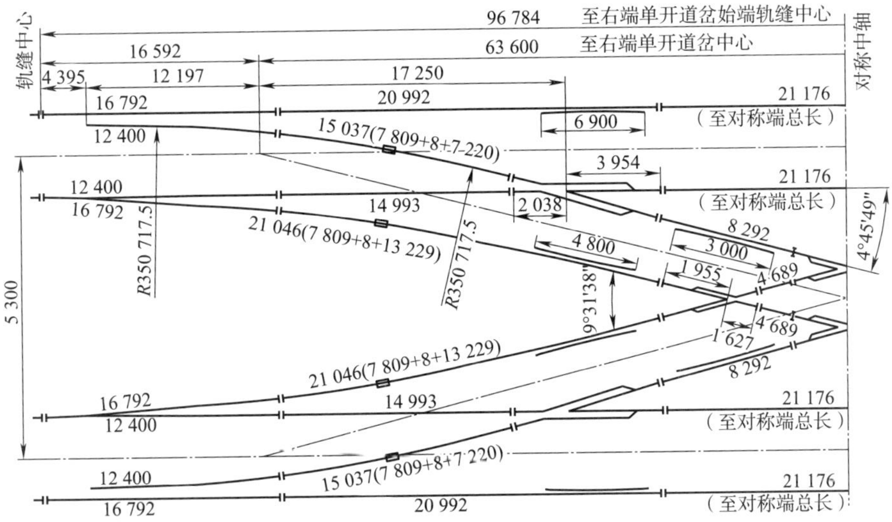

道岔允许通过速度		$v_{直}\leqslant 160$ km/h $v_{侧}\leqslant 50$ km/h	扣件类型	Ⅱ型弹条扣件		
锁闭形式		分动外锁闭	辙跟形式	限位器		
转辙器[专线 4250]	基本轨图号	专线 4250-5(直) 专线 4250-6(曲)	钢轨类型	60 kg/m 钢轨	单重	1 060 kg
	尖轨图号	专线 4250-7(曲) 专线 4250-8(直)	钢轨类型	60AT1 钢轨	单重	1 050 kg
12 号 A(B)型辙叉及护轨[专线 7629]	辙叉全长	5 992 mm				
	辙叉图号	专线 4251-4	辙叉形式	高锰钢整铸式	单重	1 200 kg
	护轨图号	专线 4251-5(直)	钢轨类型	50 kg/m 钢轨	单重	355 kg
	护轨图号	专线 4251-6(侧)	钢轨类型	50 kg/m 钢轨	单重	247 kg
6 号锐角辙叉及护轨[专线 7630]	辙叉全长	3 582 mm				
	辙叉图号	专线 7625-4	辙叉形式	高锰钢整铸式	单重	770 kg
	护轨图号	专线 7625-5	钢轨类型	50 kg/m 钢轨	单重	155 kg
6 号钝角辙叉[专线 7626]	辙叉全长	4 676 mm				
	辙叉图号	专线 7626-3	辙叉形式	高锰钢整铸式	单重	1 200 kg
岔枕[专线 3409]	岔枕总数	298 根	岔枕延长	1 065.4 m		
金属件总重		84 355 kg	非金属件总体积	905 626 cm^3		

51. 60 kg/m 钢轨 12 号 5.5 m 间距交叉渡线(有砟)
设计图号:专线 7632

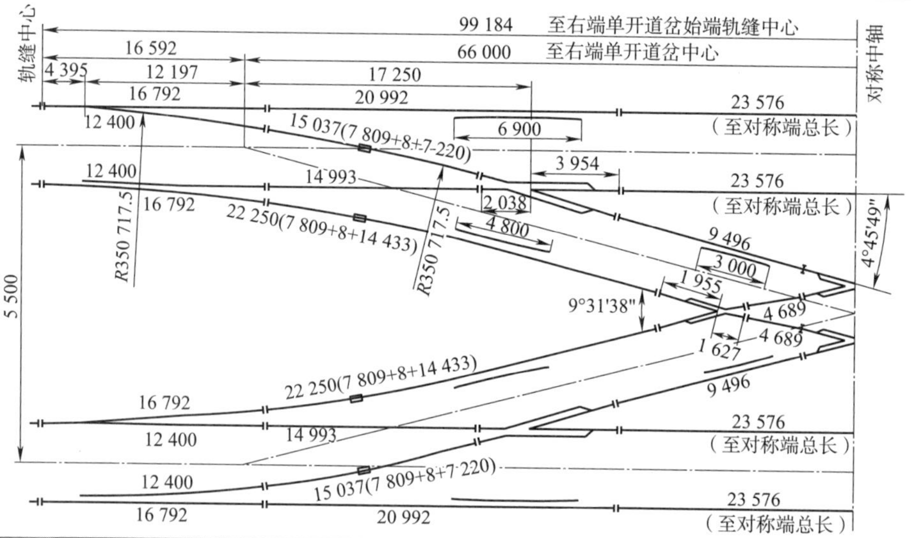

道岔允许通过速度		$v_{直}\leqslant$160 km/h $v_{侧}\leqslant$50 km/h	扣件类型	Ⅱ型弹条扣件		
锁闭形式		分动外锁闭	辙跟形式	限位器		
转辙器 [专线 4250]	基本轨图号	专线 4250-5(直) 专线 4250-6(曲)	钢轨类型	60 kg/m 钢轨	单重	1 060 kg
	尖轨图号	专线 4250-7(曲) 专线 4250-8(直)	钢轨类型	60AT1 钢轨	单重	1 050 kg
12 号 A(B)型辙叉及护轨 [专线 7633]	辙叉全长	5 992 mm				
	辙叉图号	专线 4251-4	辙叉形式	高锰钢整铸式	单重	1 200 kg
	护轨图号	专线 4251-5(直)	钢轨类型	50 kg/m 钢轨	单重	355 kg
	护轨图号	专线 4251-6(侧)	钢轨类型	50 kg/m 钢轨	单重	247 kg
6 号锐角辙叉及护轨 [专线 7634]	辙叉全长	3 582 mm				
	辙叉图号	专线 7625-4	辙叉形式	高锰钢整铸式	单重	770 kg
	护轨图号	专线 7625-5	钢轨类型	50 kg/m 钢轨	单重	155 kg
6 号钝角辙叉 [专线 7626]	辙叉全长	4 676 mm				
	辙叉图号	专线 7626-3	辙叉形式	高锰钢整铸式	单重	1 200 kg
岔枕 [专线 3411]	岔枕总数	316 根	岔枕延长	1 118.6 m		
金属件总重		91 596 kg	非金属件总体积		942 438 cm^3	

52. 60 kg/m 钢轨 12 号 6.5 m 间距交叉渡线(有砟)

设计图号:专线 7636

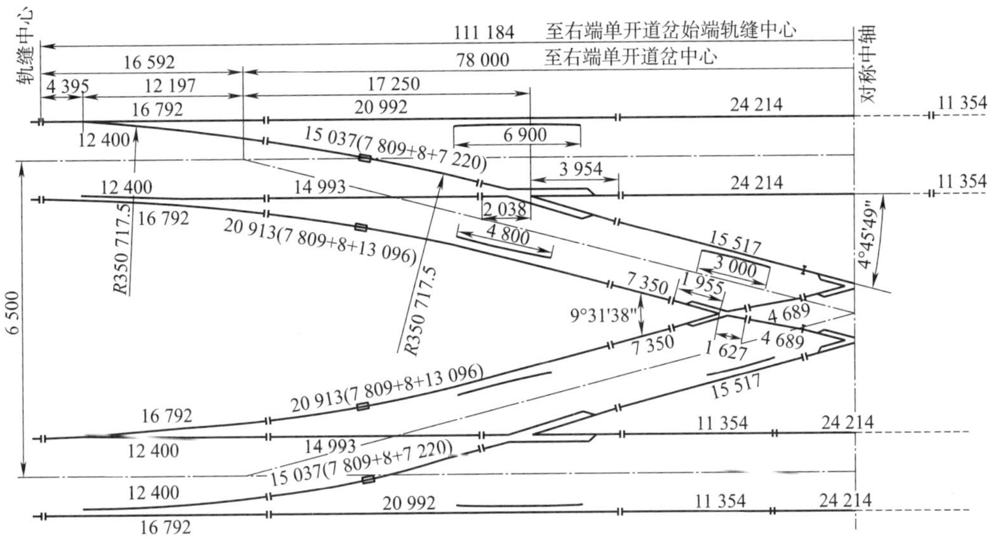

道岔允许通过速度		$v_{直}\leqslant$160 km/h $v_{侧}\leqslant$50 km/h	扣件类型	Ⅱ型弹条扣件		
锁闭形式		分动外锁闭	辙跟形式	限位器		
转辙器 [专线 4250]	基本轨图号	专线 4250-5(直) 专线 4250-6(曲)	钢轨类型	60 kg/m 钢轨	单重	1 060 kg
	尖轨图号	专线 4250-7(曲) 专线 4250-8(直)	钢轨类型	60AT1 钢轨	单重	1 050 kg
12 号 A(B)型辙叉及护轨 [专线 4251]	辙叉全长	5 992 mm				
	辙叉图号	专线 4251-4	辙叉形式	高锰钢整铸式	单重	1 200 kg
	护轨图号	专线 4251-5(直)	钢轨类型	50 kg/m 钢轨	单重	355 kg
	护轨图号	专线 4251-6(侧)	钢轨类型	50 kg/m 钢轨	单重	247 kg
6 号锐角辙叉及护轨 [专线 7637]	辙叉全长	3 582 mm				
	辙叉图号	专线 7625-4	辙叉形式	高锰钢整铸式	单重	770 kg
	护轨图号	专线 7625-5	钢轨类型	50 kg/m 钢轨	单重	155 kg
6 号钝角辙叉 [专线 7626]	辙叉全长	4 676 mm				
	辙叉图号	专线 7626-3	辙叉形式	高锰钢整铸式	单重	1 200 kg
岔枕 [专线 3413]	岔枕总数	396 根	岔枕延长	1 326.6 m		
金属件总重	96 231 kg		非金属件总体积	1 079 510 cm^3		

53. 60 kg/m 钢轨 12 号 5.0 m 间距交叉渡线(无砟)
设计图号:专线 7677

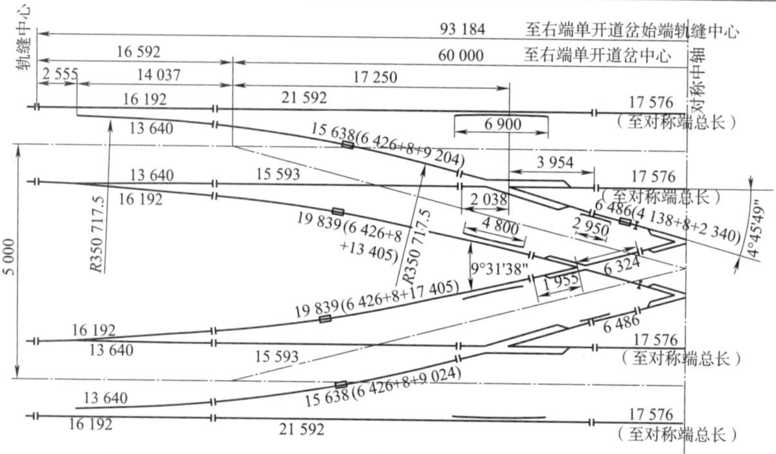

道岔允许通过速度		$v_{直客}\leqslant$120 km/h $v_{直货}\leqslant$100 km/h(23 t) $v_{侧}\leqslant$50 km/h	扣件类型	Ⅱ型弹条扣件		
锁闭形式		分动钩形外锁闭	辙跟形式	限位器		
转辙器 [专线 4311-Ⅱ]	基本轨图号	客专线(10)017-Ⅱ-4(直)	钢轨类型	60 kg/m 钢轨	单重	1 056 kg
		客专线(10)017-Ⅱ-5(曲)				
	尖轨图号	客专线(10)017-Ⅱ-6(曲)	钢轨类型	60AT2 钢轨	单重	974 kg
		客专线(10)017-Ⅱ-7(直)				
12 号 A(B)型辙叉及护轨 [专线 7677-Ⅱ]	辙叉全长	5 992 mm				
	翼轨图号	专线 4311-Ⅲ-5	钢轨类型	60 kg/m 钢轨	单重	290 kg
	翼轨镶块图号	专线 4311-Ⅲ-6		合金钢		70 kg
	锻造叉心图号	专线 4311-Ⅲ-7		合金钢		136 kg
	叉跟轨图号	专线 4311-Ⅲ-8		60 kg/m 钢轨		167 kg
	护轨图号	专线 4311-Ⅲ-9		33 kg/m 槽型钢	单重	227 kg
	护轨图号	专线 4311-Ⅲ-10		33 kg/m 槽型钢		158 kg
6 号锐角辙叉及护轨 [专线 7677-Ⅲ]	辙叉全长	8 279 mm				
	锻造叉心图号	专线 7677-Ⅲ-4	钢轨类型	合金钢	单重	144 kg
	翼轨图号	专线 7677-Ⅲ-5		60 kg/m 钢轨		467 kg
	叉跟轨图号	专线 7677-Ⅲ-6		60 kg/m 钢轨		82.1 kg
	护轨图号	专线 7677-Ⅲ-7		33 kg/m 槽型钢	单重	99 kg
6 号钝角辙叉 [专线 7677-Ⅳ]	辙叉全长	4 676 mm				
	锻制叉心	专线 7677-Ⅳ-3	钢轨类型	合金钢	单重	140 kg
	翼轨镶块图号	专线 7677-Ⅳ-4		合金钢		63.4 kg
	翼轨图号	专线 7677-Ⅳ-5		60 kg/m 钢轨		283 kg
	叉跟轨图号	专线 7677-Ⅳ-6		60 kg/m 钢轨		95 kg
	护轨图号	专线 7677-Ⅳ-7		60 kg/m 钢轨	单重	208 kg
岔枕 [专线 3465-Ⅱ]	岔枕总数	324 根	岔枕延长	997.7 m		
金属件总重		93 200 kg	非金属件总体积	3 118 500 cm^3		

54. 50 kg/m 钢轨 9 号复式交分道岔(有砟)
设计图号:CZ2214

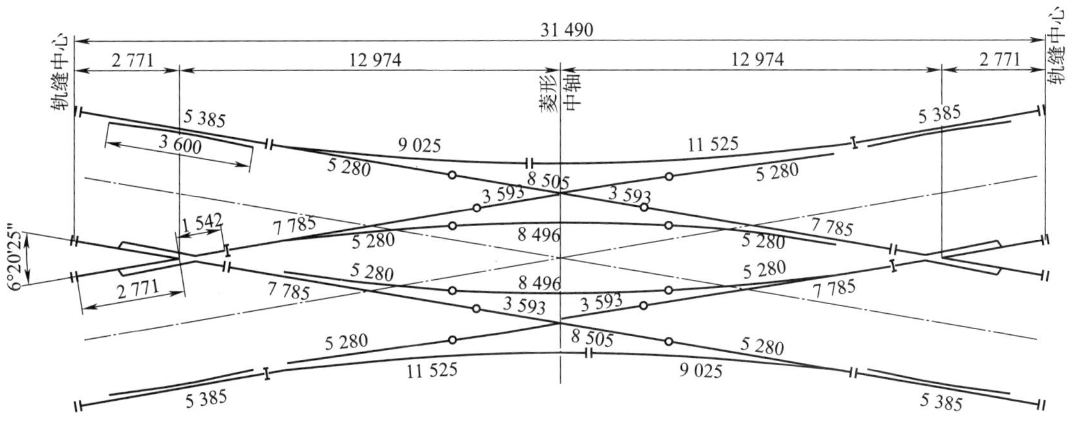

<table>
<tr><td colspan="2">道岔允许通过速度</td><td>$v_{直客} \leqslant 70$ km/h
$v_{侧} \leqslant 35$ km/h</td><td>扣件类型</td><td colspan="3">Ⅰ型弹条扣件</td></tr>
<tr><td colspan="2">锁闭形式</td><td>联动内锁闭</td><td>辙跟形式</td><td colspan="3">间隔铁式活接头</td></tr>
<tr><td rowspan="7">双转辙器
[CB2261]</td><td rowspan="3">基本轨图号</td><td>CB2261-01(直)</td><td rowspan="3">钢轨类型</td><td rowspan="3">50 kg/m 钢轨</td><td rowspan="3">单重</td><td>393 kg</td></tr>
<tr><td>CB2261-02(曲)</td><td>468 kg</td></tr>
<tr><td>CB2261-03(曲)</td><td>598 kg</td></tr>
<tr><td rowspan="4">尖轨图号</td><td>CB2261-04(直)</td><td rowspan="4">钢轨类型</td><td rowspan="4">50AT1 钢轨</td><td rowspan="4">单重</td><td>371 kg</td></tr>
<tr><td>CB2261-05(直)</td><td>371 kg</td></tr>
<tr><td>CB2261-06(曲)</td><td>371 kg</td></tr>
<tr><td>CB2261-07(曲)</td><td>371 kg</td></tr>
<tr><td rowspan="2">钝角辙叉
[CB2262]</td><td>基本轨图号</td><td>CB2262-01</td><td rowspan="2">钢轨类型</td><td>50 kg/m 钢轨</td><td rowspan="2">单重</td><td>457 kg</td></tr>
<tr><td>活动心轨图号</td><td>CB2262-03</td><td>50AT1 钢轨</td><td>319 kg</td></tr>
<tr><td rowspan="3">辙叉及护轨
[CB2263]</td><td>辙叉全长</td><td colspan="5">4 313 mm</td></tr>
<tr><td>辙叉图号</td><td>CB2263-09</td><td>辙叉形式</td><td>高锰钢整铸式</td><td>单重</td><td>670 kg</td></tr>
<tr><td>护轨图号</td><td>CB2263-01</td><td>钢轨类型</td><td>43 kg/m 钢轨</td><td>单重</td><td>161 kg</td></tr>
<tr><td>岔枕
[CZ2214Z]</td><td>岔枕总数</td><td>90 根</td><td>岔枕延长</td><td colspan="3">324.2 m</td></tr>
<tr><td>金属件总重</td><td colspan="2">22 088 kg</td><td colspan="2">非金属件总体积</td><td colspan="2">297 528 cm³</td></tr>
</table>

55. 60 kg/m 钢轨 9 号复式交分道岔(有砟)
设计图号:CZ2504

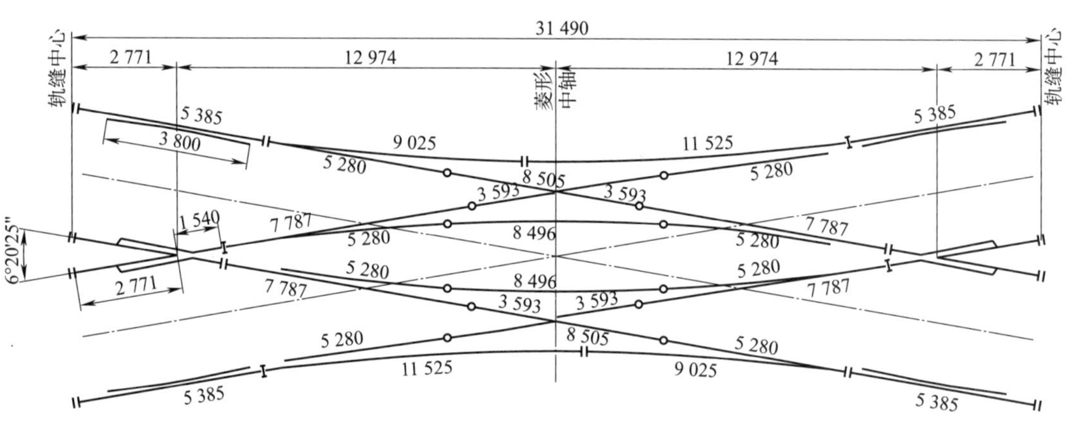

道岔允许通过速度		$v_{直客}\leqslant 80$ km/h $v_{侧}\leqslant 35$ km/h	扣件类型	Ⅱ型弹条扣件		
锁闭形式		联动内锁闭	辙跟形式	间隔铁式活接头		
双转辙器 [CB2507]	基本轨图号	CB2507-01(直)	钢轨类型	60 kg/m 钢轨	单重	470 kg
		CB2507-02(曲)				553 kg
		CB2507-03(曲)				698 kg
	尖轨图号	CB2507-04(直)	钢轨类型	60AT1 钢轨	单重	441 kg
		CB2507-05(直)				441 kg
		CB2507-06(曲)				441 kg
		CB2507-07(曲)				441 kg
钝角辙叉 [CB2508]	基本轨图号	CB2508-01	钢轨类型	60 kg/m 钢轨	单重	523 kg
	活动心轨图号	CB2508-03		60AT1 钢轨		299 kg
辙叉及护轨 [CB2509]	辙叉全长	4 311 mm				
	辙叉图号	CB685-01	辙叉形式	高锰钢整铸式	单重	720 kg
	护轨图号	CB2509A-01	钢轨类型	33 kg/m 槽型钢	单重	125 kg
岔枕 [CZ2504Z]	岔枕总数	88 根	岔枕延长	318.6 m		
金属件总重	28 779 kg		非金属件总体积	293 274 cm^3		

56. 50 kg/m 钢轨 12 号复式交分道岔(有砟)
设计图号:CZ2220

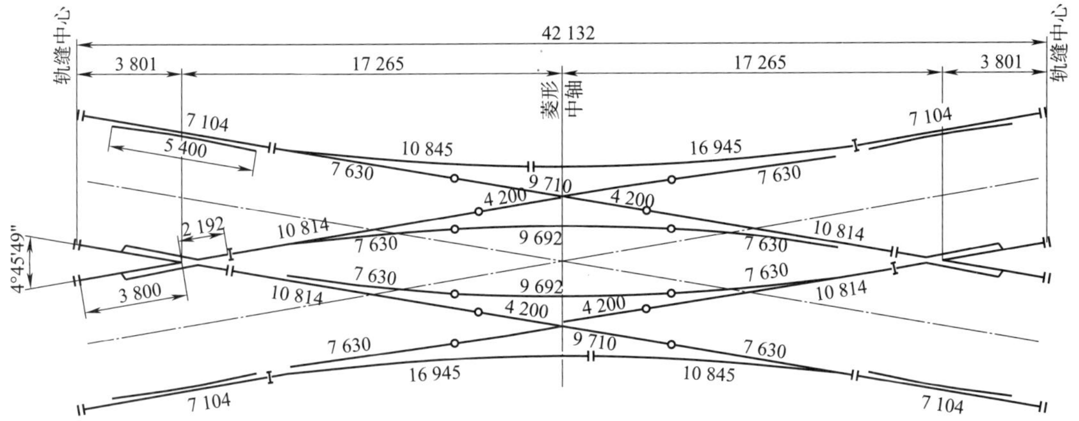

道岔允许通过速度		$v_{直客}\leqslant 80$ km/h $v_{侧}\leqslant 45$ km/h	扣件类型	Ⅰ型弹条扣件		
锁闭形式		联动内锁闭	辙跟形式	间隔铁式活接头		
双转辙器[CB2268]	基本轨图号	CB2268-01(直)	钢轨类型	50 kg/m 钢轨	单重	564 kg
		CB2268-02(曲)				566 kg
		CB2268-03(曲)				880 kg
	尖轨图号	CB2268-04(直)	钢轨类型	50AT1 钢轨	单重	537 kg
		CB2268-05(直)				537 kg
		CB2268-06(曲)				537 kg
		CB2268-07(曲)				537 kg
钝角辙叉[CB2269]	基本轨图号	CB2269-01	钢轨类型	50 kg/m 钢轨	单重	517 kg
	活动心轨图号	CB2269-03		50AT1 钢轨		293 kg
辙叉及护轨[CB2270]	辙叉全长	5 992 mm				
	辙叉图号	CB2218-01	辙叉形式	高锰钢整铸式	单重	1 140 kg
	护轨图号	CB2270-01	钢轨类型	43 kg/m 钢轨	单重	241 kg
岔枕[CZ2220Z]	岔枕总数	108 根	岔枕延长	399.2 m		
金属件总重	28 864 kg		非金属件总体积	371 689 cm^3		

57. 60 kg/m 钢轨 12 号复式交分道岔(有砟)
设计图号:SC350

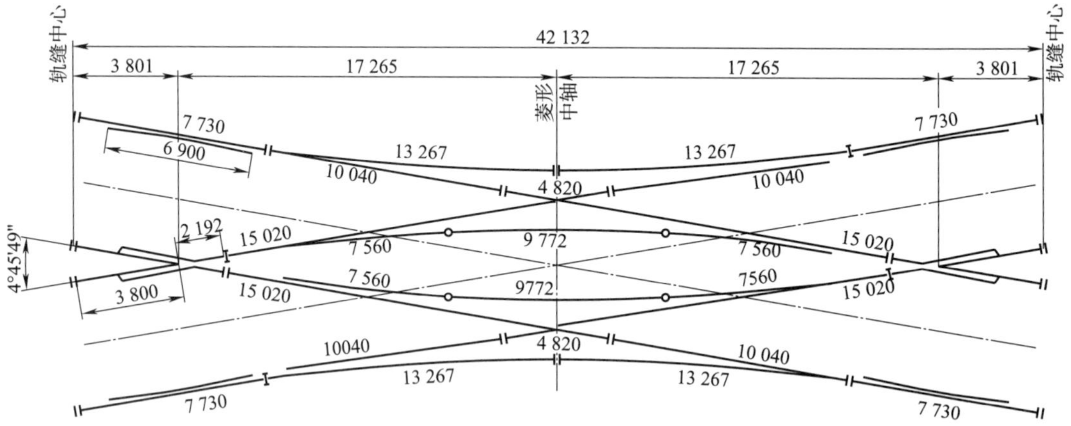

道岔允许通过速度		$v_{直客}\leqslant$120 km/h $v_{直货}\leqslant$90 km/h $v_{侧}\leqslant$45 km/h	扣件类型	Ⅱ型弹条扣件		
锁闭形式		分动外锁闭	辙跟形式	弹性可弯式(直线尖轨) 活接头式(曲线尖轨)		
交分菱形 [SC350-100]	基本轨图号	SC350-102(曲)	钢轨类型	60 kg/m 钢轨	单重	821 kg
	尖轨图号	SC350-103(直)		60AT1 钢轨		823 kg
		SC350-104(曲)				620 kg
	钝叉翼轨图号	SC350-105	钢轨类型	60 kg/m 钢轨	单重	302 kg
	活动心轨图号	SC350-106		60 kg/m 和 60AT1 钢轨		1 019 kg
辙叉及护轨 [SC350-200]	辙叉全长	5 992 mm				
	辙叉图号	SC330-202	辙叉形式	高锰钢整铸式	单重	1 200 kg
	护轨图号	SC350-202	钢轨类型	33 kg/m 槽型钢	单重	227 kg
岔枕 [SC350-500]	岔枕总数	118 根	岔枕延长	433.52 m		
金属件总重	34 747 kg		非金属件总体积	403 988 cm^3		

附录一　铁路道岔使用规定

铁总工电〔2018〕227 号

第一条　为推进道岔统型化工作，规范标准轨距铁路道岔的使用和管理，减少道岔型号及备品备件数量，根据中国铁路总公司（以下简称总公司）《铁路技术管理规程》等有关规定，制定本规定。

第二条　本规定适用于总公司及所属企业管理的新建铁路和既有线改造、大修时道岔设计选型。

第三条　设计速度 200 公里/小时及以上铁路和 200 公里/小时以下仅运行动车组列车的铁路应按以下要求选用道岔。

（一）设计速度 250（不含）～350 公里/小时客运专线铁路应按附表 1-1 选用正线道岔。

附表 1-1　设计速度 250（不含）～350 公里/小时客运专线铁路正线道岔

序号	图　　号	道岔号数	允许通过速度（km/h）		适用轨下基础类型	备　　注
			直向	侧向		
1	客专线(10)017	12	250	50	无砟	仅限于尽头车站
2	客专线(10)018	12	250	50	有砟	仅限于尽头车站
3	客专线(07)009	18	350	80	无砟	
4	客专线(08)016	18	350	80	有砟	
5	CN-6118AS	18	350	80	无砟	
6	CN-6118AT	18	350	80	有砟	
7	客专线(07)006	42	350	160	无砟	与联络线联接的正线道岔
8	客专线(07)011	42	350	160	有砟	与联络线联接的正线道岔
9	CN-6142AS	42	350	160	无砟	与联络线联接的正线道岔
10	CN-6142AT	42	350	160	有砟	与联络线联接的正线道岔

（二）设计速度 200～250 公里/小时客运专线铁路应按附表 1-2 选用正线道岔。

附表 1-2　设计速度 200～250 公里/小时客运专线铁路正线道岔

序号	图　　号	道岔号数	允许通过速度（公里/小时）		适用轨下基础类型	备　　注
			直向	侧向		
1	客专线(10)017	12	250	50	无砟	仅限于尽头车站
2	客专线(10)018	12	250	50	有砟	仅限于尽头车站
3	客专线(07)001	18	250	80	无砟	
4	客专线(07)004	18	250	80	有砟	

续上表

序号	图　　号	道岔号数	允许通过速度（公里/小时）		适用轨下基础类型	备　　注
			直向	侧向		
5	CN-6118AS	18	350	80	无砟	
6	CN-6118AB	18	250	80	有砟	
7	客专线(07)006	42	350	160	无砟	与联络线联接的正线道岔
8	客专线(07)011	42	350	160	有砟	与联络线联接的正线道岔
9	CN-6142AS	42	350	160	无砟	与联络线联接的正线道岔
10	CN-6142AT	42	350	160	有砟	与联络线联接的正线道岔

（三）设计速度200公里/小时客货共线铁路应按附表1-3选用正线道岔。

附表1-3　设计速度200公里/小时客货共线铁路正线道岔

序号	图　　号	道岔号数	允许通过速度（公里/小时）		适用轨下基础类型	备　　注
			直向	侧向		
1	客专线(10)017	12	250	50	无砟	
2	客专线(10)018	12	250	50	有砟	
3	客专线(07)001	18	250	80	无砟	
4	客专线(07)004	18	250	80	有砟	
5	GLC(08)06	30	250	120	有砟	与联络线联接的正线道岔

（四）设计速度200公里/小时以下仅运行动车组列车的客运专线铁路应按附表1-4选用正线道岔。

附表1-4　设计速度200公里/小时以下仅运行动车组列车的客运专线铁路正线道岔

序号	图　　号	道岔号数	允许通过速度（公里/小时）		适用轨下基础类型	备　　注
			直向	侧向		
1	专线4249	12	160	50	有砟	
2	专线4311	12	160	50	无砟	
3	GLC(08)01	12	200	50	有砟	
4	研线1505	12	200	45	无砟	
5	GLC(07)02	18	200	80	有砟	
6	GLC(07)02W	18	200	80	无砟	

（五）跨线列车联络线与正线连接的道岔应根据联络线的设计速度确定，接轨于车站且列车均停站时可采用18号道岔，联络线列车通过对数较少时宜采用18号道岔，其图号应与车站正线道岔相同。

（六）到发线道岔型号应按附表1-5选用，其中设计速度200公里/小时及以上铁路侧向接发旅客列车的道岔应采用18号；200公里/小时以下仅运行动车组列车的铁路侧向接发旅客列车的道岔宜采用18号，尽端式车站侧向接发旅客列车的道岔宜采用18号，困难条件下可采用12号道岔；与动车段（所、存车场）、维修车间（工区）等线路连接的到发线上道岔可采用12号道岔。

附表 1-5　设计速度 200 公里/小时及以上铁路和 200 公里/小时以下仅运行动车组列车的铁路到发线道岔

序号	图　　号	道岔号数	道岔轨型	允许通过速度(公里/小时)		轨下基础	备　　注
				直向	侧向		
1	GLC(08)01	12	60	200	50	有砟	
2	研线 1505	12	60	200	45	无砟	
3	GLC(07)02	18	60	200	80	有砟	
4	GLC(07)02W	18	60	200	80	无砟	

(七)其他站线道岔型号应按附表 1-6 选用。动车段(所、存车场)内到发停车场到达(出发)端的道岔应采用 12 号道岔,困难条件下可采用 9 号道岔。其他道岔宜采用 9 号道岔。

附表 1-6　设计速度 200 公里/小时及以上铁路和 200 公里/小时以下仅运行动车组列车的铁路其他站线道岔

序号	图　　号	道岔号数	道岔轨型	允许通过速度(公里/小时)		轨下基础	备　　注
				直向	侧向		
1	CZ2209	9	50	100	35	有砟	
2	CZ577	9	60	120	35	有砟	
3	专线 4257	12	50	120	50	有砟	
4	专线 4249	12	60	160	50	有砟	

第四条　设计速度 200 公里/小时以下的铁路(仅运行动车组列车的铁路除外)正、站线道岔应按附表 1-7 选用。重载铁路应选用与设计轴重相匹配的道岔,用于侧向接发万吨及以上列车的道岔不宜小于 18 号。

附表 1-7　设计速度 200 公里/小时以下的铁路(仅运行动车组列车的铁路除外)正、站线道岔

序号	道岔类型	图　　号	道岔号数	轨型 kg/m	通过速度(公里/小时)		轴重	轨下基础	辙叉类型	锁闭方式	备　　注
					直向	侧向					
1	单开道岔	CZ2209	9	50	100	35	23	有砟	固定型	内锁闭	货车直向速度:80 km/h
2		CZ577	9	60	120	35	25	有砟	固定型	内锁闭	23 t、25 t 货车直向速度分别为:90 km/h、80 km/h
3		专线 4257	12	50	120	50	—	有砟	固定型	内锁闭	货车直向速度:80 km/h,固定型,内锁闭
4		SC(07)330	12	60	120	50	23	有砟	固定型	内锁闭	23 t 货车直向速度:90 km/h,固定型,内锁闭
5		专线 4249	12	60	160	50	25	有砟	固定型	外锁闭	23 t、25 t 货车直向速度分别为:90 km/h、80 km/h,固定型,外锁闭
6		研线 1115	12	60	160	45	27	有砟	固定型	外锁闭	直向速度:重载货车 100 km/h,其他货车 120 km/h。可兼容用于时速 120 km/h 铁路
7		GLC(08)01	12	60	200	50	25	有砟	可动心	外锁闭	25 t 货车直向速度:120 km/h
8		研线 1505	12	60	200	45	27	无砟	可动心	外锁闭	直向速度:重载货车 100 km/h,其他货车 120 km/h。可兼容用于时速 120 km/h 和 160 km/h 铁路

续上表

序号	道岔类型	图　　号	道岔号数	轨型 kg/m	通过速度（公里/小时）		轴重	轨下基础	辙叉类型	锁闭方式	备　　注
					直向	侧向					
9	单开道岔	研线 1116	12	75	120	45	27	有砟	固定型	外锁闭	直向速度：重载货车 100 km/h，其他货车 120 km/h
10		专线(01)4275	18	50	120	80	—	有砟	固定型	内锁闭	货车直向速度：80 km/h
11		研线 1302	18	60	160	80	27	有砟	固定型	外锁闭	直向速度：重载货车 100 km/h，其他货车 120 km/h。可兼容用于时速 120 km/h 铁路
12		研线 1303	18	75	120	80	27	有砟	固定型	外锁闭	容许直向速度：重载货车 100 km/h，其他货车 120 km/h
13		GLC(07)02	18	60	200	80	25	有砟	可动心	外锁闭	25 t 货车，120 km/h
14		GLC(08)06	30	60	250	120	25	有砟	可动心	外锁闭	25 t 货车，120 km/h
15	对称道岔	SC384	6	50	35	35	—	有砟	固定型	内锁闭	仅适用于驼峰溜放线路
16		SC382	6	60	35	35	—	有砟	固定型	内锁闭	仅适用于驼峰溜放线路
17	交叉渡线	SC432	6	50	35	35	—	有砟	固定型	—	配套 SC384
18		CZ2210～CZ2213(5.0 m、5.3 m、5.5 m、6.5 m 交叉渡线)	9	50	100	35	—	有砟		—	配套 CZ2209
19		CZ580～CZ583(5.0 m、5.3 m、5.5 m、6.5 m 交叉渡线)	9	60	120	35	—	有砟		—	配套 CZ577
20		专线(01)7659～7662(5.0 m、5.3 m、5.5 m、6.5 m 交叉渡线)	12	50	120	50	—	有砟		—	配套专线 4257
21		SC(07)340～SC(07)343(5.0 m、5.3 m、5.5 m、6.5 m 交叉渡线)	12	60	120	50	—	有砟		—	配套 SC(07)330
22		专线 7623～7627、7628～7631、7632～7635、7636～7638(5.0 m、5.3 m、5.5 m、6.5 m 交叉渡线)	12	60	160	50	—	有砟		—	配套专线 4249
23		专线 7677(5.0 m 交叉渡线)	12	60	160	50		无砟		—	配套专线 4311
24	复式交分	CZ2214	9	50	70	35	—	有砟	固定型（锐角辙叉），可动心（钝角辙叉）	内锁闭	
25		CZ2504	9	60	80	35	—	有砟		内锁闭	
26		CZ2220	12	50	80	45	—	有砟		内锁闭	
27		SC350	12	60	120	45	—	有砟		外锁闭	

第五条　新建铁路正线不应采用复式交分道岔。新建铁路到发线、既有线改造不宜采用复式交分道岔，困难条件下需要采用时，不应小于 12 号。

第六条　正线跨区间无缝线路及设计速度 160 km/h 及以上的路段不应采用交叉渡线；其

他正线不宜采用交叉渡线，困难条件下，可采用交叉渡线。

第七条 道岔大修按本规定选用道岔有困难时，可暂保留原型号道岔，但应有计划地安排站场改造。

第八条 道岔新产品发布后，设计单位有条件时应及时对道岔型号进行变更。

第九条 设计直向允许通过速度120公里/小时以上的道岔、设计轴重25吨及以上的道岔及其他有特殊要求的道岔应采用外锁闭装置和三相交流转辙机；转辙机类型选择应满足技术要求和设备维护管理单位的维护需求。

第十条 新建铁路和既有线改造采用的道岔应统一招标，并合理确定道岔招标的分包，同一建设项目的正线道岔原则上采用同一系列道岔。对于同一个车站的同型号道岔，应采用一种图号并由同一个生产商供应，以减少道岔种类和备品备件数量。

第十一条 道岔应符合经总公司或原铁道部批准的设计图纸要求，道岔上不得有制造图号标识。

第十二条 违反本规定使用道岔的，按照有关规定追究相关单位和人员责任。

第十三条 总公司控股合资公司履行内部决策程序后执行本规定。

第十四条 本规定由总公司工电部、科信部负责解释。

第十五条 本规定自2019年1月1日起施行。原《中国铁路总公司关于印发〈高速铁路道岔使用规定〉的通知》（铁总运〔2014〕248号）同时废止。

附录二　铁路道岔和交叉名词术语

(部分摘录自 TB/T 1353—79)

一、一般名词术语

附表 2—1　一般名词术语

编号	名词术语	说　　明	编号	名词术语	说　　明
201	道岔主线	单开道岔和三开道岔中的直线，其他道岔中主要方向的轨道(见附图 2—1)	215	辙叉趾端	辙叉(不包括钝角辙叉)与导轨相连接的一端(见附图 2—1)
202	道岔侧线	道岔中从道岔主线分支出来的轨道(见附图 2—1)	216	辙叉跟端	辙叉(不包括钝角辙叉)心轨伸出的一端(见附图 2—1)
203	导 曲 线	道岔中连接转辙器和辙叉的曲线轨道(见附图 2—1)	217	道岔基线	单开道岔指道岔主线中心线，对称道岔指对称轴线，其他道岔指道岔中作为基准的直线
204	道岔中心	辙叉跟端轨道中心线(中心线是曲线时，为其切线)与道岔始端轨道中心线的交点(见附图 2—1)	218	道岔全长	道岔始端至道岔终端在道岔基线上的投影长度(见附图 2—2)
205	辙 叉 角	辙叉跟端心轨两工作边(工作边是曲线时，为其切线)的交角	219	道岔理论导程	尖轨理论尖端至辙叉心轨理论尖端在道岔基线上的投影长度(见附图 2—2)
206	辙叉号数	以辙叉角余切表示的数值 $N=\cot\alpha$，α 为辙叉角	220	道岔前部理论长度	尖轨理论尖端至道岔中心在道岔基线上的投影长度(见附图 2—2)
207	道岔号数	以辙叉号数表示	221	道岔后部理论长度	道岔中心至辙叉心轨理论尖端在道岔基线上的投影长度(见附图 2—2)
208	道岔始端	尖轨尖端前的基本轨端轨缝中心(见附图 2—1)	222	道岔前部实际长度	道岔始端至道岔中心在道岔基线上的投影长度(见附图 2—2)
209	道岔终端	离道岔始端最远的辙叉跟端轨缝中心(见附图 2—1)	223	道岔后部实际长度	道岔中心至道岔终端在道岔基线上的投影长度(见附图 2—2)
210	尖轨理论尖端	一般指尖轨工作边的延长线与基本轨工作边的交点	224	尖轨长度	尖轨尖端至尖轨跟端的工作边长度
211	尖轨尖端	尖轨削尖的最前端(见附图 2—1)	225	尖轨尖端前基本轨长度	尖轨尖端前的基本轨在道岔基线上的投影长度(见附图 2—2)
212	尖轨跟端	尖轨与导轨相连接的一端(见附图 2—1)	226	辙叉趾长	辙叉心轨理论尖端至辙叉趾端的工作边长度(见附图 2—2)
213	辙叉心轨理论尖端	辙叉心轨两工作边延长线的交点(见附图 2—4)	227	辙叉跟长	辙叉心轨理论尖端至辙叉跟端的工作边长度(见附图 2—2)
214	辙叉心轨尖端	辙叉心轨的实际尖端(见附图 2—4)	228	辙叉趾宽	辙叉趾端两翼轨工作边之间的距离(见附图 2—4)

续上表

编号	名词术语	说　　明	编号	名词术语	说　　明
229	辙叉跟宽	辙叉跟端两心轨工作边之间的距离(见附图2—4)	234	转辙角	道岔开通侧线时，侧线尖轨跟端工作边(工作边是曲线时，为其切线)和主线基本轨工作边的交角
230	动　　程	尖轨或可动心轨在道岔拉杆中心位置上的扳动距离	235	冲击角	行驶中的车轮撞击钢轨的角度
231	护轨与心轨的查照间隔	辙叉心轨工作边至护轨工作边之间的距离	236	辙叉咽喉	两翼轨工作边相距最近处(见附图2—4)
232	护背距离	翼轨(在钝角辙叉中为护轨)工作边至护轨(三开道岔中为翼轨)工作边之间为保证最小轮背距轮对通过的距离	237	轮缘槽	两根靠近的钢轨(或钢轨制件)之间专供轮缘通过的通路
233	有害空间	在道岔与交叉中，钢轨工作边中断的区段(见附图2—4)			

二、转辙器与辙叉

附表2—2　转辙器与辙叉

编号	名词术语	说　　明	编号	名词术语	说　　明
301	转辙器	在道岔中，引导车轮从一线进入它线的设备		合金钢组合辙叉	心轨采用合金钢钢锻造，翼轨和叉跟轨采用轧制钢轨制造，采用螺栓将各部件联结为整体(见附图2—6)
302	可弯式尖轨转辙器	尖轨跟端固定，利用尖轨弹性改变位置的转辙器	306	钢轨组合辙叉	用钢轨及其他零件加工组成的辙叉
303	间隔铁式尖轨转辙器	尖轨跟端用辙跟接头夹板、间隔铁等形成活接头，尖轨跟端可以摆动的转辙器	307	可动心轨辙叉	心轨可动的辙叉(见附图2—7)
304	辙　　叉	轨线平面交叉的设备	308	钝角辙叉	设在交叉(包括交分道岔)中菱形钝角位置上的辙叉
305	高锰钢整铸辙叉	用高锰钢浇铸成的整体辙叉	309	锐角辙叉	设在交叉中菱形锐角位置上的辙叉
	高锰钢组合辙叉	心轨采用高锰钢铸造，翼轨和叉跟轨采用轧制钢轨制造，采用螺栓将各部件联结为整体(见附图2—5)	310	曲线辙叉	两工作边一条或两条为曲线的辙叉
				直线辙叉	两工作边均为直线的辙叉

三、钢轨制件

附表2—3　钢轨制件

编号	名词术语	说　　明	编号	名词术语	说　　明
401	基本轨	在道岔中接触尖轨和靠近护轨的钢轨；钝角辙叉中弯折的钢轨(见附图2—3)	402	尖　　轨	转辙器中经过刨切的可动钢轨(见附图2—3)

续上表

编号	名词术语	说明	编号	名词术语	说明
403	特种断面尖轨	用特种断面钢轨制造的尖轨	408	双肢弹性可弯心轨	可动心轨中，两侧心轨均连续，不设置叉跟尖轨，一般用在 42 号和 62 号道岔可动心轨辙叉中(见附图 2—8)
404	固定辙叉翼轨	辙叉中(钝角辙叉除外)两侧弯曲成翼状的钢轨(见附图 2—3)	409	可动心轨辙叉翼轨	(见附图 2—7 和附图 2—8)
405	固定辙叉心轨	辙叉中带有尖端的钢轨，钢轨组合辙叉的心轨是由长、短心轨组成(见附图 2—3)，合金钢组合辙叉心轨由叉心和叉跟轨组成	410	长 心 轨	(见附图 2—7 和附图 2—8)
406	可动心轨辙叉心轨	(见附图 2—7 和附图 2—8)	411	短 心 轨	(见附图 2—7 和附图 2—8)
407	单肢弹性可弯心轨	可动心轨中，一侧心轨中断，和叉跟尖轨连接。一般用在 18 号及以下可动心轨辙叉中(见附图 2—7)		叉跟尖轨	(见附图 2—7 和附图 2—8)

四、零　　件

附表 2—4　零　　件

编号	名词术语	说明	编号	名词术语	说明
501	道岔拉杆	转辙器或可动心轨辙叉中与转辙设备相连接的杆件	504	尖轨补强板	为增强尖轨断面的刚度，在轨腰两侧嵌补的钢板
502	道岔连接杆	转辙器中连接两根尖轨的杆件，可动心轨钝角辙叉中连接两根可动心轨的杆件	505	滑 床 板	承垫基本轨并供尖轨滑动或承垫翼轨并供可动心轨滑动的垫板
503	间 隔 铁	夹在两钢轨之间为保持其固定间隔的零件			

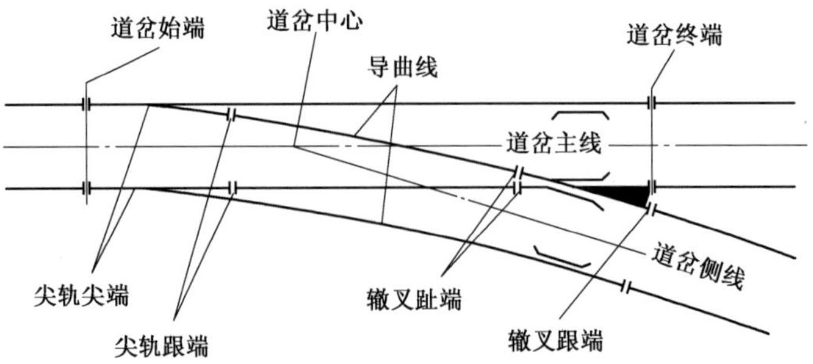

附图 2—1

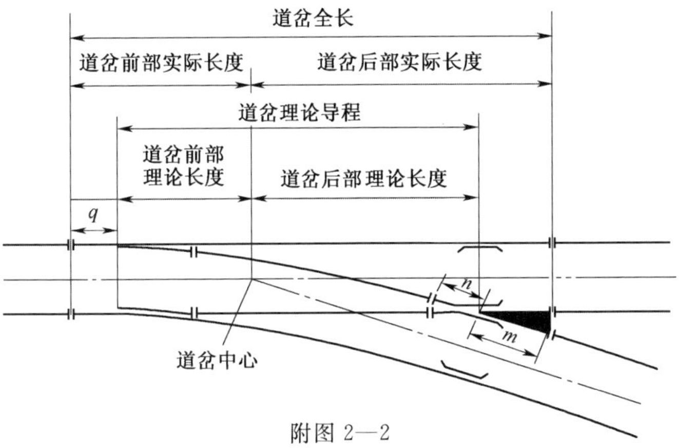

附图 2—2

h—辙叉趾长；m—辙叉跟长；q—尖轨尖端前基本轨长度

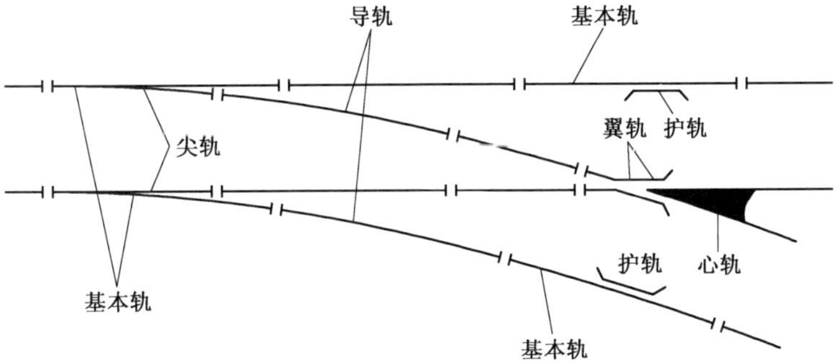

附图 2—3

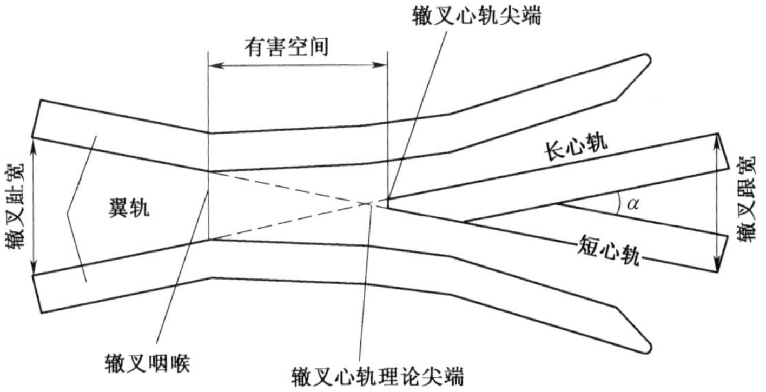

附图 2—4

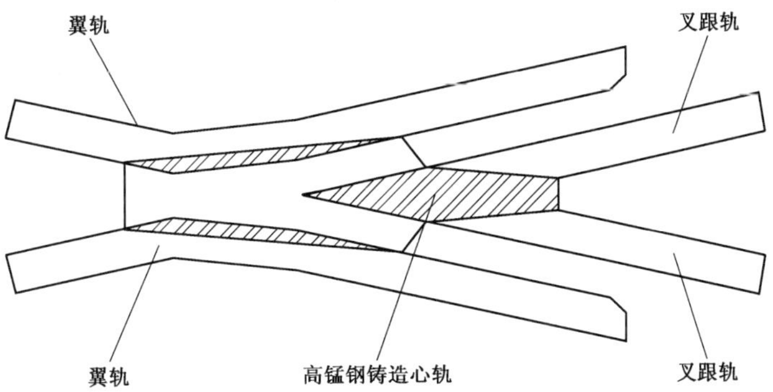

附图 2—5

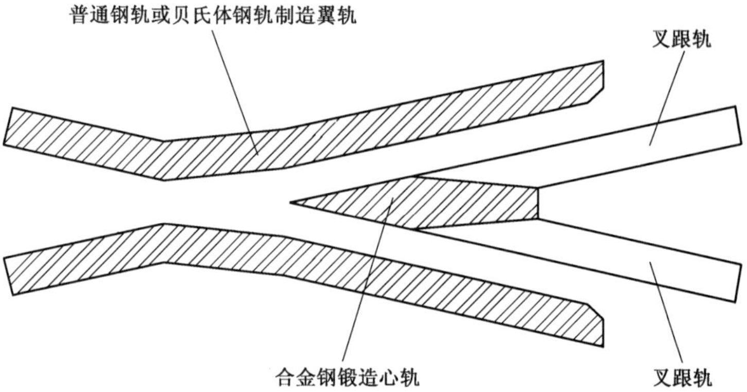

附图 2—6

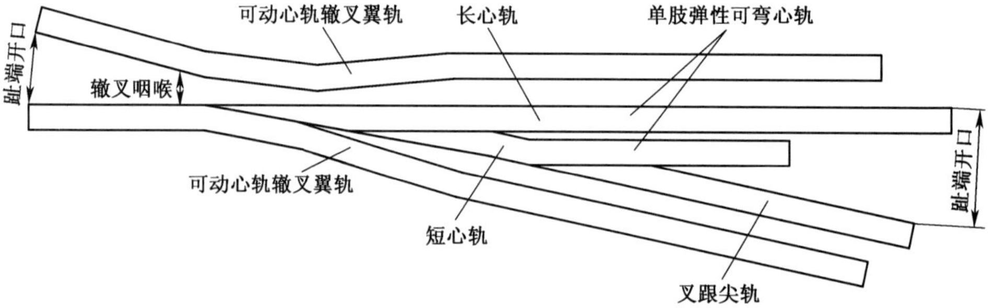

附图 2—7

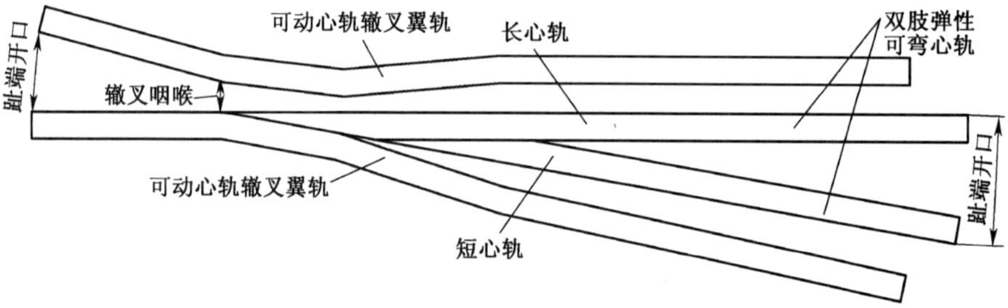

附图 2—8

附录三 《铁路技术管理规程（普速铁路部分）》摘录

第 45 条 道岔应铺设在直线上，正线道岔不得与竖曲线重叠，其他道岔应尽量避免与竖曲线重叠。

正线道岔钢轨应与线路上的钢轨采用同一类型。其他道岔钢轨在不得已情况下采用与线路钢轨不同类型时，须保证道岔钢轨强度不低于线路钢轨强度，并在道岔前后各铺一节与道岔同轨型的钢轨。

第 46 条 道岔辙叉号数选择应符合下列规定：

1. 正线道岔的直向通过速度不应小于路段设计行车速度。

2. 用于侧向通过列车的单开道岔的辙叉号数应根据列车侧向通过的最高速度合理选用。

3. 侧向接发停车旅客列车的单开道岔，不得小于 12 号。

4. 侧向接发停车货物列车并位于正线的单开道岔，在中间站不得小于 12 号，在其他车站不得小于 9 号。

5. 列车轴重大于 25 t 的铁路正线单开道岔不得小于 12 号。

6. 其他线路的单开道岔不得小于 9 号。

7. 狭窄的站场采用交分道岔不得小于 9 号，但尽量不用于正线，必须采用时不得小于 12 号。

8. 峰下线路的对称道岔不得小于 6 号，三开道岔不得小于 7 号。

9. 段管线的对称道岔不得小于 6 号。

既有道岔的类型及辙叉号数不符合上述规定时，应按该道岔的辙叉号数限制行车速度，且应有计划地进行改造。

第 47 条 线路允许速度 120 km/h 及以下区段的正线道岔，采用固定型辙叉道岔；线路允许速度 120 km/h 以上至 160 km/h 及以下，或货车轴重 25 t 及以上区段的正线道岔，采用可动心轨道岔或固定型辙叉道岔；线路允许速度 160 km/h 以上区段的正线道岔，须采用可动心轨道岔。

第 48 条 道岔应保持良好状态，道岔各零部件应齐全，作用良好，缺少时应及时补充。道岔出现伤损或病害时，应及时修理或更换。

第 49 条 联锁道岔应配备紧固、加锁装置，以备联锁失效时用以锁闭道岔。联锁失效时防止扳动的办法，应在《车站行车工作细则》(简称《站细》)内规定。

未设联锁而需加锁的道岔也应安装加锁装置。

加锁装置包括锁板、勾锁器、闭止把加锁、带柄标志加锁。

第 238 条 道岔除使用、清扫、检查或修理时外，均须保持定位。

道岔的定位规定如下：

1. 单线车站正线进站道岔，为由车站两端向不同线路开通的位置；

2. 双线车站正线进站道岔，为各该正线开通的位置；

3. 区间内正线道岔及站内正线上其他道岔（引向安全线、避难线的除外），为正线开通的位置；

4. 引向安全线、避难线的道岔，为安全线、避难线开通的位置；

5. 到发线上的中岔，为到发线开通的位置；

6. 其他由车站负责管理的道岔，由车站规定。

车站道岔的定位，应在《站细》内记明。

集中操纵的道岔及不办理接发列车的非集中操纵的道岔可不保持定位（到发线上的中岔和引向安全线、避难线的道岔除外）。

段管线道岔的定位，由各段自行规定。

第 239 条 车站道岔及股道编号

道岔编号，从列车到达方向起顺序编号，上行为双号，下行为单号；尽头线上，向线路终点方向顺序编号。车站划分车场时，每个车场的道岔单独编号。一个车站的道岔不得有相同的编号。

股道编号，单线区段内的车站，从靠近站舍的线路起，向远离站舍方向顺序编号；双线区段内的车站，从正线起顺序编号，上行一侧为双号，下行一侧为单号；尽头式车站，向终点方向由左侧开始顺序编号，如站舍位于线路一侧时，从靠近站舍的线路起，向远离站舍方向顺序编号。一个车站（分场时为一个车场）的股道不准有相同的编号。

第 394 条 在站内道岔上（含警冲标至道岔尾部线路、道岔间线路）施工时，使用移动停车信号防护，防护办法如下：

1. 在站内道岔上施工，一端距离施工地点 50 m，另一端两条线路距离施工地点 50 m（距出站信号机不足 50 m 时，为出站信号机处），分别在线路上设置移动停车信号牌（灯）防护，如第 9 图；如一端距离外方道岔小于 50 m 时，将有关道岔扳向不能通往施工地点的位置，并加锁或紧固。

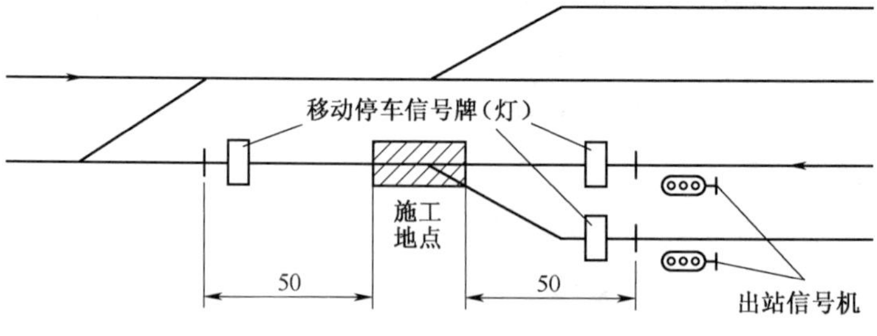

第 9 图（单位：m）

2. 在进站道岔上施工，对区间方向，以关闭的进站信号机防护；对车站方向，在距离施工地点 50 m 线路上，设置移动停车信号牌（灯）防护，如第 10 图。距邻近道岔不足 50 m 时，在邻近道岔基本轨接头处设置移动停车信号牌（灯）防护，将有关道岔扳向不能通往施工地点的位置，并加锁或紧固。

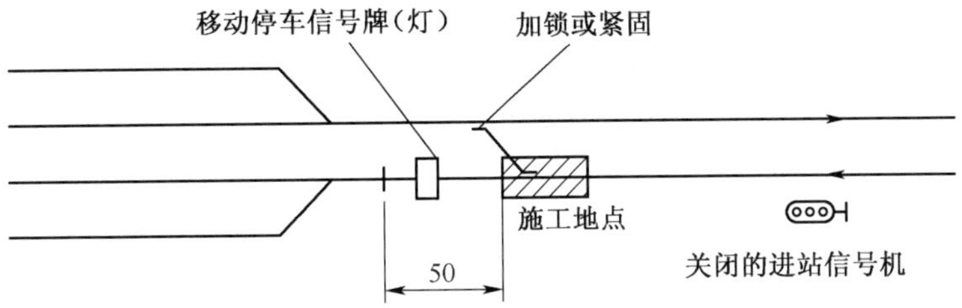

第 10 图(单位:m)

3. 在出站道岔上施工,对区间方向,以关闭的反方向进站信号机防护;对车站方向,在距离施工地段不少于 50 m 线路上,设置移动停车信号牌(灯)防护,如第 11 图。距邻近道岔不足 50 m 时,将有关道岔扳向不能通往施工地点的位置,并加锁或紧固。

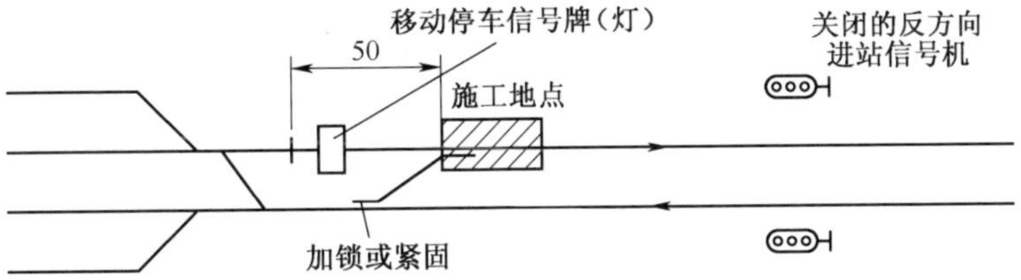

第 11 图(单位:m)

4. 在交分道岔上施工,将有关道岔扳向不能通往施工地点的位置,并加锁或紧固,在距离施工地点两端 50 m 处线路上,设置移动停车信号牌(灯)防护,如第 12 图。

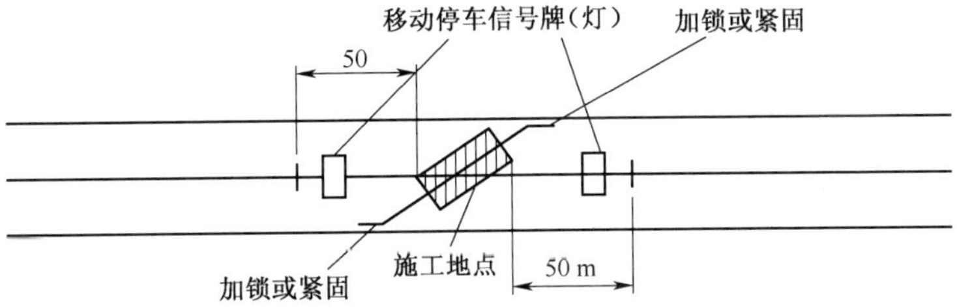

第 12 图(单位:m)

5. 在交叉渡线的一组道岔上施工,一端在菱形中轴相对处线路上,另一端在距离施工地点 50 m 处线路上,分别设置移动停车信号牌(灯)防护,将有关道岔扳向不能通往施工地点的位置,并加锁或紧固,如第 13 图。

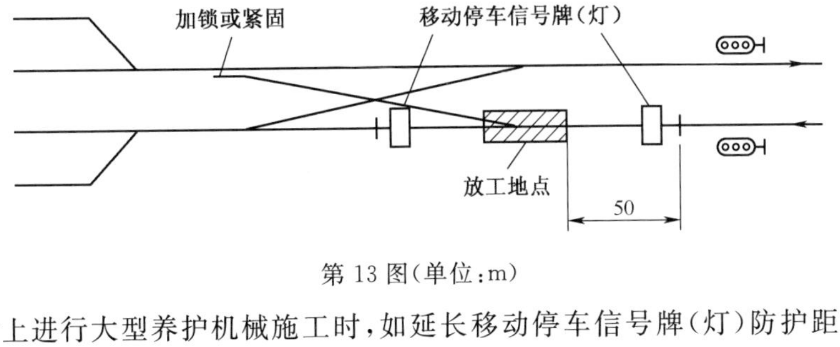

第 13 图(单位:m)

6. 在道岔上进行大型养护机械施工时,如延长移动停车信号牌(灯)防护距离后占用其他道岔时,对相关道岔应一并防护。

第 396 条　在站内线路或道岔上，根据线路速度等级，使用移动减速信号的防护办法如下：

1. 在站内正线线路上施工，当施工地点距进站信号机大于或等于 800 m 时，单线设立位置如第 18 图，双线设立位置如第 19 图。

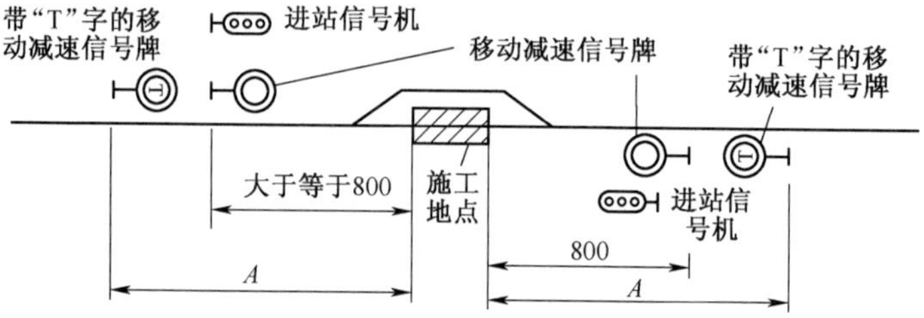

第 18 图(单位:m)

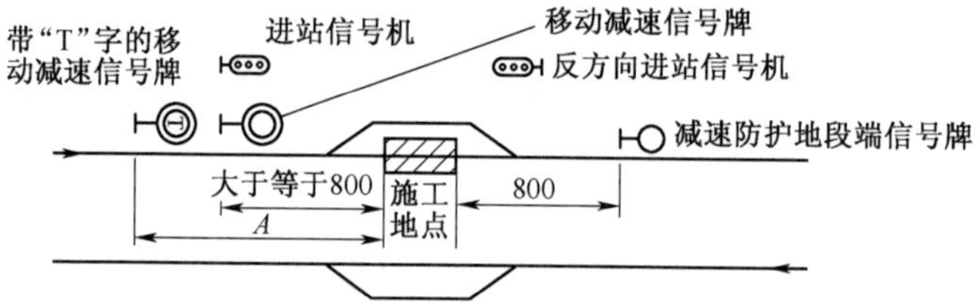

第 19 图(单位:m)

注：当施工地点距进站信号机不足 800 m 时，自施工地点起至 800 m 处区间线路列车运行方左侧，设移动减速信号牌防护；当施工地点距进站信号机大于或等于 A 时，不设置带“T”字的移动减速信号牌；当施工地点距反方向进站信号机不足 800 m 时，自施工地点起至 800 m 处区间线路列车运行方左侧，设减速防护地段终端信号牌；当施工地点距反方向进站信号机大于或等于 800 m 时，在反方向进站信号机处，设减速防护地段终端信号牌。

2. 在站内正线道岔上施工，当施工地点距进站信号机大于或等于 800 m 时，单线设立位置如第 20 图，双线设立位置如第 21 图。

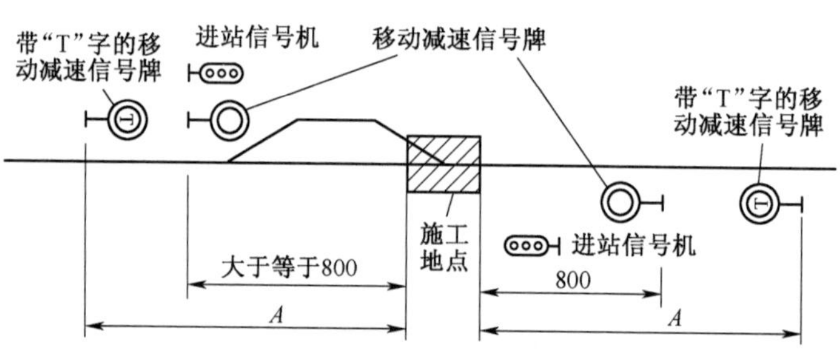

第 20 图(单位:m)

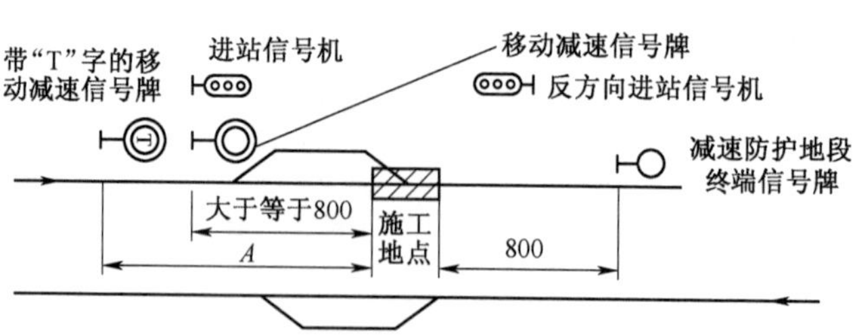

第 21 图(单位:m)

注：当施工地点距进站信号机不足 800 m 时，自施工地点起至 800 m 处区间线路列车运行方左侧，设移动

减速信号牌防护；当施工地点距进站信号机大于或等于 A 时，不设置带"T"字的移动减速信号牌；当施工地点距反方向进站信号机不足 800 m 时，自施工地点起至 800 m 处区间线路列车运行方左侧，设减速防护地段终端信号牌；当施工地点距反方向进站信号机大于或等于 800 m 时，在反方向进站信号机处，设减速防护地段终端信号牌。

3. 在站线线路上施工，设立位置如第 22 图。

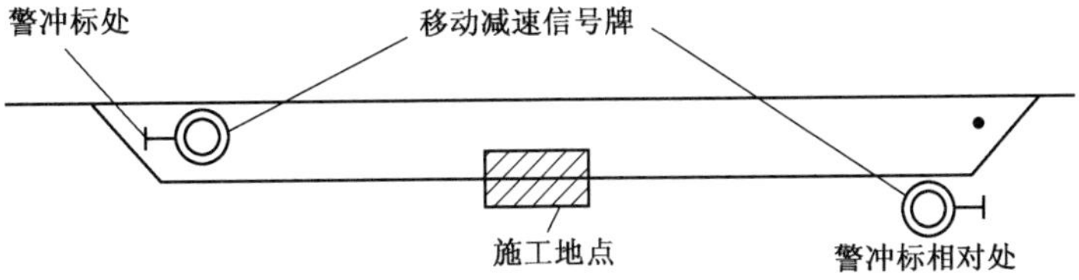

第 22 图

4. 在站线道岔上施工，该道岔中部线路旁，设置两面黄色的移动减速信号牌（灯），设立位置如第 23 图。

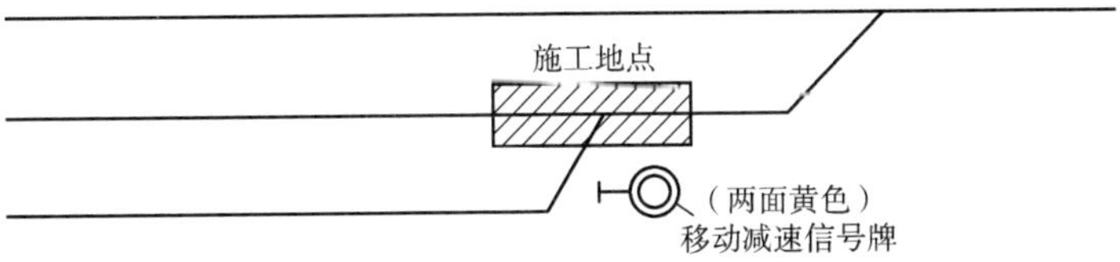

第 23 图

凡线间距离不足规定时，则应设置矮型（1 m 高）的移动减速信号牌。

在移动减速信号牌上，应注明规定的慢行速度。

附录四 《铁路技术管理规程（高速铁路部分）》摘录

第 46 条 道岔应铺设在直线上，正线道岔不得与竖曲线重叠。车站正线及到发进路上的道岔宜采用可动心轨道岔，道岔轨型应与正线和到发线的轨型相同。

钢轨伸缩调节器应铺设在直线上，避免与竖曲线重叠。

第 47 条 道岔辙叉号数选择应符合下列规定：

1. 正线道岔的直向通过速度不应小于路段设计行车速度。

2. 正线与到发线连接应采用 18 号道岔。两正线间的渡线应按功能需要选用 18 号及以上道岔。

3. 始发或终到车站以及改、扩建车站，在特别困难条件下，可采用 12 号道岔。

4. 正线与联络线连接的道岔辙叉号数应按联络线设计行车速度选用，并宜选用大号码道岔。

第 48 条 道岔应保持良好状态，道岔各零部件应齐全，作用良好，缺少时应及时补充。道岔出现伤损或病害时，应及时修理或更换。

第 49 条 联锁道岔应配备紧固、加锁装置，以备联锁失效时用以锁闭道岔。铁路局应制定联锁失效时防止扳动的办法。

紧固装置采用紧固器，加锁装置采用勾锁器。

第 224 条 引向安全线的道岔除使用、清扫、检查或修理时外，均须保持向安全线开通的位置。

第 225 条 道岔编号，从列车到达方向起顺序编号，上行为双号，下行为单号；尽头线上，向线路终点方向顺序编号。车站划分车场时，每个车场的道岔单独编号。一个车站的道岔不得有相同的编号。

第 226 条 股道编号，单线区段内的车站，从靠近站舍的线路起，向远离站舍方向顺序编号；双线区段内的车站，从正线起顺序编号，上行一侧为双号，下行一侧为单号；尽头式车站，向终点方向由左侧开始顺序编号，如站舍位于线路一侧时，从靠近站舍的线路起，向远离站舍方向顺序编号。一个车站（分车场时一个车场）的股道不准有相同的编号。

特大、大型客运车站，股道编号以主站房基本站台为基准，按顺序编号；划分多个车场时，各车场股道应按顺序连续编号，不按车场别单独编号。

第 329 条 施工作业防护（部分摘录）。

3. 在站内道岔上（含警冲标至道岔尾部线路、道岔间线路）施工时，使用移动停车信号防护，防护办法如下：

（1）在站内道岔上施工，一端距离施工地点 50 m，另一端两条线路距离施工地点 50 m（距出站信号机不足 50 m 时，为出站信号机处），分别在线路上设置移动停车信号牌（灯）防护，如第 9

图；如一端距离外方道岔小于 50 m 时，将有关道岔扳向不能通往施工地点的位置，并加锁或紧固。

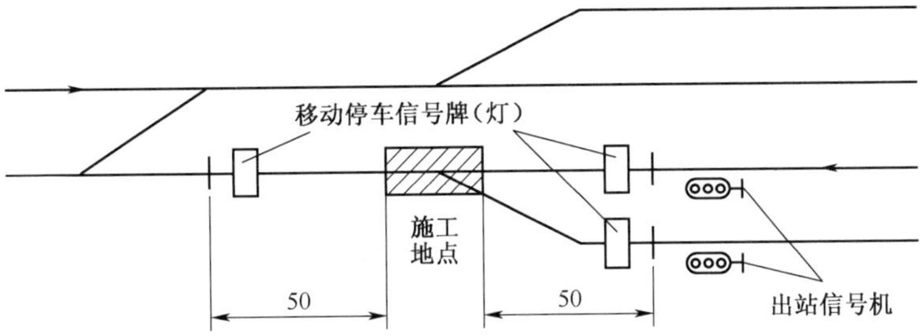

第 9 图（单位：m）

（2）在进站道岔上施工，对区间方向，以关闭的进站信号机防护；对车站方向，在距离施工地点 50 m 线路上，设置移动停车信号牌（灯）防护，如第 10 图。距邻近道岔不足 50 m 时，在邻近道岔基本轨接头处设置移动停车信号牌（灯）防护，将有关道岔扳向不能通往施工地点的位置，并加锁或紧固。

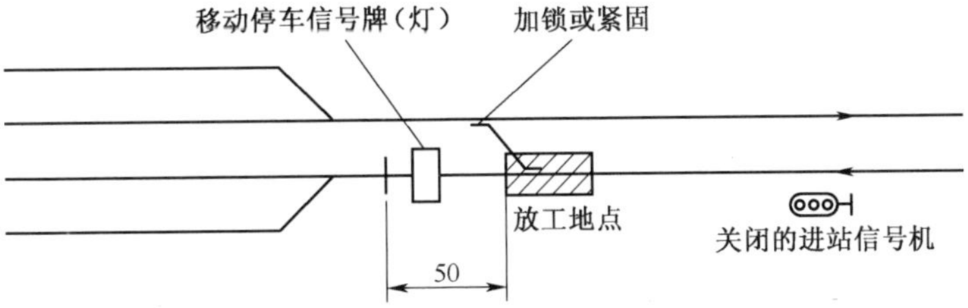

第 10 图（单位：m）

（3）在出站道岔上施工，对区间方向，以关闭的反方向进站信号机防护；对车站方向，在距离施工地段不少于 50 m 线路上，设置移动停车信号牌（灯）防护，如第 11 图。距邻近道岔不足 50 m 时，将有关道岔扳向不能通往施工地点的位置，并加锁或紧固。

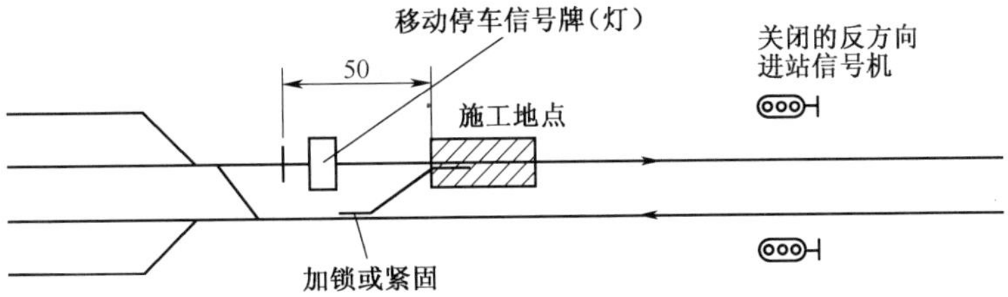

第 11 图（单位：m）

（4）在交分道岔上施工，将有关道岔扳向不能通往施工地点的位置，并加锁或紧固，在距离施工地点两端 50 m 处线路上，设置移动停车信号牌（灯）防护，如第 12 图。

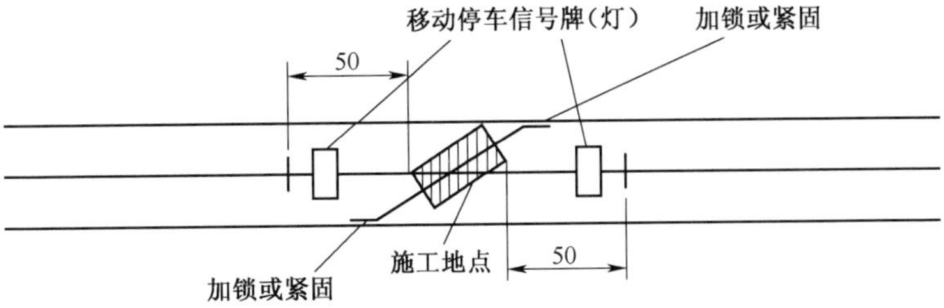

第 12 图（单位：m）

(5)在交叉渡线的一组道岔上施工，一端在菱形中轴相对处线路上，另一端在距离施工地点50 m处线路上，分别设置移动停车信号牌(灯)防护，将有关道岔扳向不能通往施工地点的位置，并加锁或紧固，如第13图。

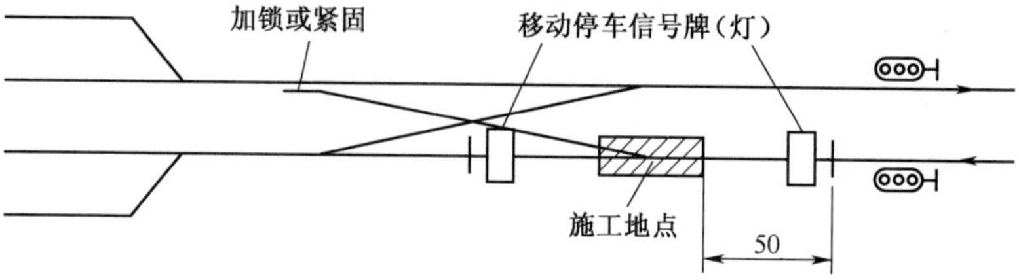

第13图(单位:m)

(6)在道岔上进行大型养护机械施工时，如延长移动停车信号牌(灯)防护距离后占用其他道岔时，对相关道岔应一并防护。

5. 仅运行动车组列车的站内线路或道岔不设置移动减速信号防护。在其余站内线路或道岔上，使用带"T"字和"减速"字的移动减速信号的防护办法如下：

(1)在站内正线线路上施工，当施工地点距进站信号机大于或等于800 m时，单线设立位置如第18图，双线设立位置如第19图。

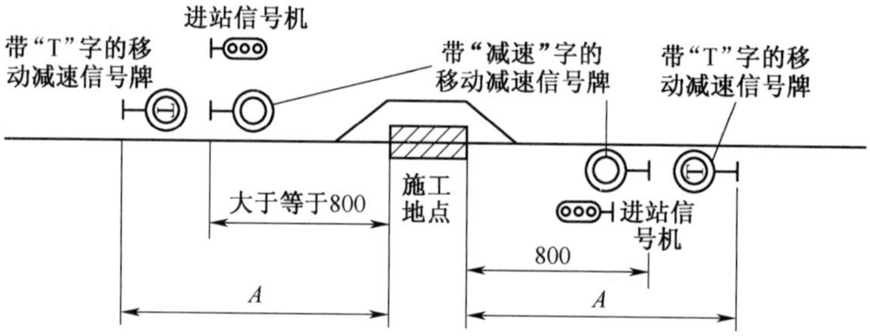

第18图(单位:m)

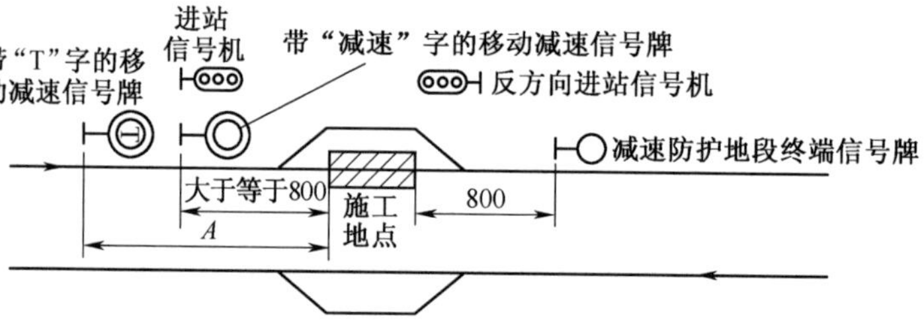

第19图(单位:m)

注：当施工地点距进站信号机不足800 m时，自施工地点起至800 m处区间线路列车运行方左侧，设移动减速信号牌防护；当施工地点距进站信号机大于或等于A时，不设置带"T"字的移动减速信号牌，A取1 400 m；当施工地点距反方向进站信号机不足800 m时，自施工地点起至800 m处区间线路列车运行方左侧，设减速防护地段终端信号牌；当施工地点距反方向进站信号机大于或等于800 m时，在反方向进站信号机处，设减速防护地段终端信号牌。

(2)在站内正线道岔上施工，当施工地点距进站信号机大于或等于800 m时，单线设立位置如第20图，双线设立位置如第21图。

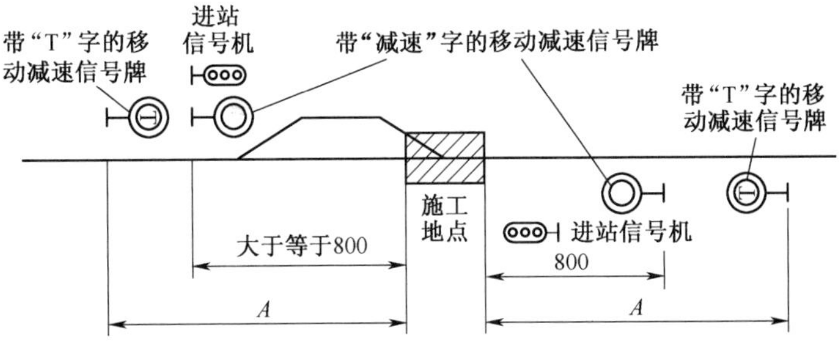

第 20 图(单位:m)

注:当施工地点距进站信号机不足 800 m 时,自施工地点起至 800 m 处区间线路列车运行方左侧,设移动减速信号牌防护;当施工地点距进站信号机大于或等于 A 时,不设置带"T"字的移动减速信号牌;当施工地点距反方向进站信号机不足 800 m 时,自施工地点起至 800 m 处区间线路列车运行方左侧,设减速防护地段终端信号牌;当施工地点距反方向进站信号机大于或等于 800 m 时,在反方向进站信号机处,设减速防护地段终端信号牌。

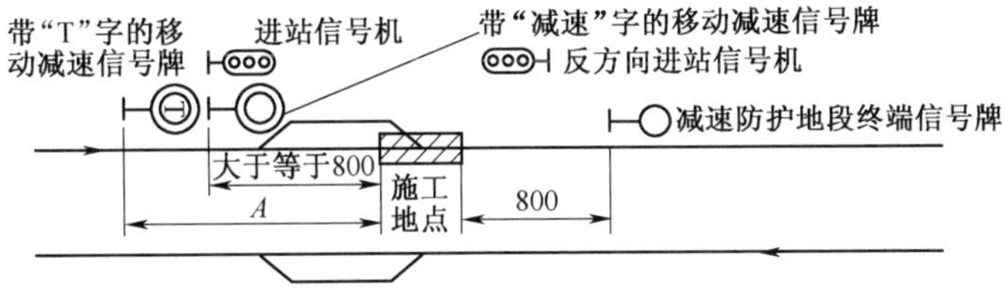

第 21 图(单位:m)

(3)在站线线路上施工,设立位置如第 22 图。

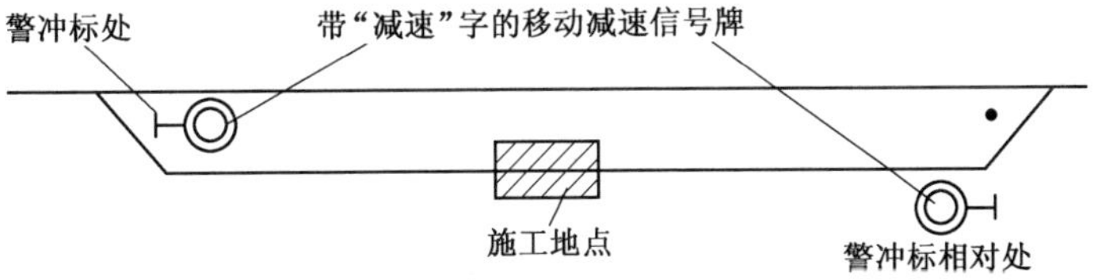

第 22 图

(4)在站线道岔上施工,该道岔中部线路旁,设置两面黄色的带"减速"字的移动减速信号牌(灯),设立位置如第 23 图。

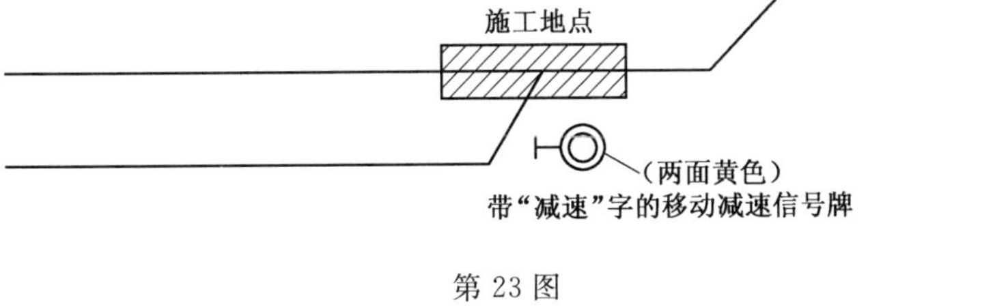

第 23 图

凡线间距离不足规定时,应设置矮型(1 m 高)的移动减速信号牌。